AF401816

MADRID

ET

MARCOUSSIS.

PARIS.— IMPRIMERIE DE DUCESSOIS,
Quai des Augustins , 55.

MADRID

ET

MARCOUSSIS

PAR

ACHILLE KIRWAN.

PARIS

CH. SCHWARTZ ET AL. GAGNOT, LIBRAIRES,

QUAI DES AUGUSTINS.

1838

PRÉFACE.

De deux choses l'une :

Ou l'auteur se pose insolemment devant le public, ou bien il se prosterne à deux genoux faisant de profonds meâ culpâ, et demandant pardon de la liberté grande. Ni l'un, ni l'autre de ces moyens n'est bon à mon

sens; parce que tous deux ca-
chent la véritable pensée de l'auteur.

Je ne demande donc rien au
public, persuadé que si mon livre
l'amuse, il le lira; s'il lui déplaît,
il le rejettera, sans pour cela
consulter en rien la préface.

Je sais qu'on peut objecter à
cela : Mais alors pourquoi une
préface?

Je répondrai que, sans parler
de l'ouvrage, je veux faire connaître au lecteur qui je suis, et
pourquoi je publie; libre à lui
d'applaudir ou de blâmer; peu
m'importe, puisque je ne con-

naîtrai pas sa pensée ; c'est donc uniquement pour l'acquit de ma conscience.

Je ne viens pas non plus écrire mes mémoires : rien n'a marqué dans mon existence, et je suis arrivé jusqu'à vingt-cinq ans sans avoir d'autres soucis que la croissance de mes dents de sagesse. Pas le plus petit événement n'est venu obscurcir le cours d'une si belle vie, et bien que j'en sois presque fâché, puisque cela me prive du plaisir de raconter, je dois pourtant me soumettre à la vérité, et avouer tout prosaïquement que j'habite Arpajon, que j'y paie exactement mes contributions, et que de temps en temps, lorsqu'arrive mon tour de garde, je prends la voiture de Paris, et je viens voisiner quelques jours dans la capitale. Puis je rentre dans mon gîte :

Mais que faire dans un gîte à moins que l'on n'écrive !

J'ai donc écrit un roman. Le voici :

Lisez et jugez.

UNE NUIT DE MADRID.

C'était une belle jeune fille.

Jules JANIN.

C'était une belle jeune fille.

Alf. DE MUSSET.

C'était une belle jeune fille.

BALZAC.

C'était une belle jeune fille.

Alex. DUMAS.

I

UNE NUIT DE MADRID.

C'était par une belle nuit d'été, non une de ces nuits de France, triste, froide et brumeuse, non, mais une nuit d'Espagne pure et embaumée, une nuit délirante de pays chaud, où l'âme vaguement impressionnée, s'harmonise avec l'atmosphère, et se prend à rêver mollement d'amour et de poésie.

Minuit venait de sonner....

Pas d'autre bruit dans Madrid, la ville classique de la religion et de l'amour, que celui de la brise suave et légère qui caressait le feuillage odorant du Buen retiro ; seulement, de loin en loin, une oreille attentive aurait peut-être pu percevoir les timides accords d'une guitare accompagnant quelque doux chant de tendresse, ou le murmure presque insaisissable d'un baiser donné et rendu à travers une jalousie.

Ah ! c'était un beau spectacle que Madrid à cette heure, Madrid silencieuse et endormie, projetant çà et là les ombres bizarres et les découpures dentelées de ses monuments moresques !

A la voir ainsi calme et paisible, la vieille capitale des Espagnes, avec sa couronne d'orangers en fleurs, sous son ciel brillant et pailleté d'étoiles, on eût dit, je vous jure, une jeune et belle fille sommeillant avec ses habits de fête.

Cependant, malgré la paix apparente qui régnait dans Madrid, tout sans doute, ne s'y livrait pas au repos.

Qui sait, en effet, ce que dérobent à l'œil les murailles épaisses d'une grande cité ! que d'agitations, de joies et de douleurs dont ne révèle rien ce constant visage de pierres !

Ici une orgie, une fête enivrante,

avec des fleurs, des femmes, des diamants ; là, des enfants qui se tordent
criant la faim aux pieds de leur mère
qui ne peut que pleurer pour eux.

Plus loin, c'est une jeune fille après
la prière du soir : elle emprisonne
avec soin sa longue chevelure sous un
riche réseau, dépouille son peignoir
blanc, lance encore un dernier regard
à sa glace, saute légèrement sur
son lit en repoussant sa pantoufle de
satin, souffle sa bougie et s'endort en
rêvant amour, bonheur, parure, et
puis encore amour.

A côté, on commet un crime, un
crime avec les circonstances les plus
horribles.

Ailleurs, une jeune femme se meurt,
une autre se déshonore là-bas.

En un mot, scènes gracieuses, tableaux hideux et terribles, on trouverait tout pêle-mêle, si on pouvait lire sur le front insensible d'une ville ce qui se passe dans son sein.

Et pourtant, ce n'était plus Madrid du temps d'Isabelle, Madrid, galante et religieuse, la cité des spadassins, la ville aux sérénades, toute blasonnée d'amour, où les intrigues formées le matin à l'église, se cimentaient le soir dans le mystère d'un tête-à-tête, et se dénouaient le lendemain par un coup de poignard : c'était Madrid de mil huit cent trente, Madrid agitée, sceptique et railleuse, jetant son froc et son rosaire à la nouvelle de notre révolution, Madrid oublieuse de ses anciennes croyances, mais toujours belle, passionnée et lascive comme ses courtisanes.

Non, tout ne dormait pas dans Madrid. A l'extrémité de la ville, sur le chemin du Prado, s'élevait isolée de toutes les autres, une jolie maison blanche, presque entièrement masquée par un épais feuillage ; des statues de marbre placées aux quatre angles en ornaient la plate-forme ; l'eau du Manzanares baignait sa base en cailloutage et miroitait ses jalousies vertes ; et un pont de bois gracieusement courbé sur le fossé qui l'entourait, donnait entrée dans cette charmante habitation.

C'est là qu'une lumière douteuse trahie par les lattes d'une jalousie, annonçait que quelqu'un veillait encore dans une chambre à l'entresol :

cette chambre, c'était celle de dona Giovana, une belle jeune fille, par ma foi; brune et vive à faire damner un moine; fière des quinze ans qu'elle allait avoir, et des opulents cheveux qui lustraient son front; du reste, peu soucieuse en ce moment de son pied si mignon, de ses yeux si admirés et ornés de beaux cils noirs, de sa bouche si petite, et de ses dents qu'elle avait si blanches.

Ce qui l'occupait à cette heure, la jolie signorita, c'était une vieille duègne gravement assise à ses côtés devant une riche corbeille de mariage, et dont la présence et les discours semblaient répandre sur le charmant visage que nous avons essayé de peindre, une teinte d'impatience et d'inquiétude.

— Mais voyez donc, signora, disait la vieille pour la troisième fois, voyez donc les magnifiques bijoux, les délicieuses étoffes ! ah ! le seigneur don Almodovar fait bien les choses, et si son fils, votre cousin, est aussi bien tourné qu'il promettait de le devenir, vous allez être la femme la plus heureuse et la plus enviée de toutes les Espagnes.

—Laisse-moi, ma bonne, répondait la jeune fille : ne me parle plus ainsi : enlève cette corbeille, je ne veux pas me marier.

— Caprice d'enfant, reprit la duègne : je gagerais ma part du paradis que cette ridicule idée ne vous est advenue que depuis le saint jour de Pâques, à la messe de la cathédrale, où ce jeune cavalier français si beau, si galant, nous donna, à vous, ce précieux livre d'heures, et à moi, ce superbe diamant : allons, convenez-en, signora.

Et se penchant alors comme pour attendre une réponse, elle reprit à demi-voix : — Feu votre mère (Dieu veuille avoir son âme)! avait plus de confiance en moi.

La jeune fille ne répondit pas : au souvenir de sa mère elle était devenue plus pensive qu'auparavant : son âme paraissait en proie à de vagues et lointaines pensées, et une larme qu'elle ne chercha pas à retenir vint mouiller ses longues paupières et rouler sur sa main.

Sans doute la jeune Espagnole se reportait au temps où, petite fille, elle avait le sein d'une mère pour reposer sa jolie tête brune, la bouche d'une mère pour lui rendre ses baisers, et le cœur d'une mère pour recevoir et consoler ses peines d'enfant; sans doute elle songeait à tout cela, car elle pleurait...

La duègne la crut convertie au mariage, et jetant un regard sur la pendule :—Bonsoir, signora, dit-elle, dormez bien, et soyez belle demain pour l'arrivée de votre cousin...

—Demain!... que dis-tu, ma bonne? Henrique arrive demain?...

— Oui, signora ; il l'écrit de Salamanque.

—Bonsoir, ma bonne, reprit vivement Giovana dissimulant son émotion et essuyant ses larmes : tiens, prends cette bague en récompense des soins que tu as donnés à mon enfance, et va te reposer.... à demain... Viens me réveiller tard.

La duègne allait remercier, et, s'apercevant que ses remontrances avaient été inutiles, elle voulut profiter d'un moment de silence, pour reprendre la conversation où elle l'avait laissée, mais Giovana lui ferma la bouche en l'embrassant et en lui souhaitant de nouveau le bonsoir; elle ferma la porte, et il était temps... car, à peine la duègne était-elle sortie, que la croisée qui n'était qu'entr'ouverte, fut brusquement poussée du dehors, et livra passage à un grand et beau jeune homme, exactement revêtu d'un manteau brun qu'il laissa tomber pour recevoir Giovana dans ses bras...

— Louis, dit-elle, tout est-il prêt?...

— Oui, mon ange, répondit le jeune homme; tout n'attend plus, tu le sais, que ta détermination; j'ai des passeports pour nous deux; des chevaux nous sont préparés à la porte d'Alcala; des gens dévoués doivent, aussitôt après notre départ, monter sur des mules, et sortir de Madrid par la porte de Tolède pour donner le change et dépister ceux qui voudraient nous poursuivre...

— Partons alors!!!!..

Et, s'enveloppant avec précipitation de sa mantille, la jeune Espagnole jeta un long et dernier regard d'adieu à tout ce qui l'entourait : puis, encourageant par un baiser son amant heu-

reux et étonné de sa prompte résolution, elle franchit avec son aide le
fossé de clôture, et gagna attachée à son
bras la porte d'Alcala, où tout en effet
était préparé pour la fuite.

SAINT-JEAN-PIED-DE-PORT.

Nous ne goûtons rien de pur.

MONTAIGNE.

Le cœur d'un homme vierge est un vase profond ;
Dès que la première eau qu'on y verse est impure,
La mer y passerait sans laver la souillure,
Car l'abîme est immense... et la tache est au fond.

Alf. DE MUSSET.

Le remords monte en croupe et galope avec lui.

. . . . .

II

SAINT-JEAN-PIED-DE-PORT.

A huit jours de là, nos deux fugi-
tifs oubliaient leurs inquiétudes et
leurs fatigues dans un antique château
situé près de Saint-Jean-Pied-de-Port,
assez jolie petite ville, moitié Espagne,

moitié France, située au bas des Pyrénées, ces montagnes pittoresques
qui séparent les deux royaumes.

Un ami de Louis, possesseur de ce
beau domaine, était venu, comme chaque année, y passer quelques mois; il
se trouva trop heureux d'y offrir un
asile à un camarade de classe, dont,
sous tous les rapports, la société ne
pouvait que lui être fort agréable, seul
et isolé qu'il était dans le Béarn.

C'était une majestueuse propriété
que ce vieux château construit en bri-
ques et entouré de fossés profonds.
A voir ses longues meurtrières et
l'épaisseur de ses hautes murailles,
on aurait pu parier à coup sûr qu'il
avait plus d'une fois servi de retraite
aux protestants, quand les guerres de

religion décimaient la France. Son front crénelé qui dominait jadis toute la vallée, est lui-même dominé maintenant par la citadelle de Saint-Jean-Pied-de-Port, qui, perchée comme le nid de l'aigle au sommet d'un rocher, semble, avec ses canons dont l'œil distingue à peine les bouches béantes, menacer ces vieux restes de la féodalité et leur jeter un défi.

Le parc, dont la vigoureuse végétation des Pyrénées fait tous les frais, étend au loin ses noires allées, et n'est borné que par la Nive qui arrose ses bords, et qui semble, par le murmure de son onde, se plaindre encore d'avoir vu dans les champs de Roncevaux, où elle prend sa source, les Sarrazins défaire, en 778, l'arrière-garde de l'armée de Charlemagne.

Frédéric Renaud, propriétaire de ce château, était un jeune homme franc et loyal, ami sincère et dévoué de Louis de Montmont, dont il ne partageait pas les opinions politiques, circonstance qui pourtant ne les avait jamais désunis, quelque entêtement qu'ils missent l'un et l'autre dans leurs discussions; il avait vu avec transport la révolution de juillet et il en hâtait les effets de tous ses vœux; mais sachant que Louis ne pouvait voir que d'un mauvais œil les changements qu'il attendait si impatiemment, il s'imposa, à ce sujet, le plus profond silence, et ne songea qu'au bonheur de posséder son ami, et de goûter avec lui le plaisir de la chasse, dont il était fou.

Notre jolie Espagnole aurait bien voulu suivre ces messieurs sur les traces des Isards, ces hôtes élégants des Pyrénées; mais, comme cette chasse n'est pas sans danger, elle se voyait contrainte à rester au château, où, livrée à elle-même, elle ne trouvait que de faibles ressources contre l'ennui et le souvenir incessant de sa fuite.

Quel sujet de tristes pensées, en effet!

Qu'il faut d'amour au cœur pour quitter ainsi sa patrie, sa famille et ses jeunes compagnes! pour laisser derrière soi un bonheur certain, et jeter sa vie au hasard de l'avenir!

Et pourtant, il y a trois mois à peine, Giovana, simple et timide enfant, ne songeait, après Dieu, qu'à la promenade, la toilette et le bal, ces trois passions de jeunes filles, et puis encore, mais rarement, et bien après tout cela, à son cousin Henrique, un brave jeune homme que des arrangements de famille lui destinaient pour époux, et qui finissait ses humanités à Salamanque en véritable étudiant espagnol, c'est-à-dire en jouant, en fumant et en faisant la sieste, habitudes tellement enracinées chez lui, qu'il n'avait même jamais songé à les combattre, malgré les querelles continuelles de son hôtesse, une grande Catalane, veuve pour la troisième fois, et au dernier mari de laquelle il succédait, au sacrement près, et un peu, il faut en convenir, comme la reine Isabelle II succède au roi Rodrigue.

Giovana vivait donc simple et pure auprès de son oncle qu'elle aimait comme un père, peu soucieuse de l'avenir, et heureuse du présent, lorsqu'un soir elle remarqua au Prado où elle se promenait avec sa gouvernante, un jeune étranger qui la suivait avec les signes de la plus grande admiration. Sans mettre une importance grave à une circonstance que ses charmes rendaient si naturelle, Giovana ne laissa pas que d'être satisfaite de l'attention du jeune homme, et elle le vit avec plaisir s'attacher à ses pas les soirs suivants : un léger service qu'il eut occasion de rendre à la jolie Espagnole et à sa gouvernante, un dimanche qu'il les avait suivies à la messe, lui permit de leur offrir l'eau bénite à leur sortie, de les saluer et de leur parler quand il les rencontra de nouveau au Prado. Il était bien fait, aimable ; ces qualités charmèrent bientôt Giovana, qui se prit à l'aimer et à substituer peu à peu son image à celle du cousin Henrique.

Personne n'ignore la puissance de l'amour, mais l'amour à Madrid, dans un cœur de quinze ans, sous le ciel bleu et chaud des Espagnes, l'amour c'est un feu qui embrase et qui dévore ; aussi Giovana laissa bientôt échapper de ses lèvres l'aveu que ses yeux avaient déjà trahi. Ce premier pas fait, il n'était plus possible de s'arrêter, la pente était trop rapide ; elle proposa elle-même un rendez-vous que Louis n'eût pas encore osé solliciter, et, une fois livrés

tous deux à ces interminables causeries d'amour pendant de longues et
tièdes nuits d'été, ils en vinrent à mé-
diter ce projet de fuite que Giovana
n'eût sans doute pas consenti à exécuter sitôt sans la malencontreuse arrivée de son cousin. Ainsi va la vie
hélas ! A quoi tiennent donc la vertu,
l'honneur, la probité? Cette jeune fille
naguère si pure , si retenue, il n'avait
fallu qu'un simple effet du hasard, la
rencontre accidentelle d'un homme à
la promenade, un coup d'œil échangé
à l'église , un mot d'amour murmuré à
l'oreille , pour lui faire oublier tout à
coup ses parents, ses amis, ses de-
voirs.

Mais malgré sa passion toujours plus
vive, sa faute, incessamment présente

à son esprit, était un amer sujet de réflexion pour la jeune Espagnole ; aussi elle redoutait la solitude et saisissait toutes les occasions de chasser ce cruel souvenir. Tantôt elle acceptait avec transport une promenade à cheval, et alors, excitant son coursier de la voix et du geste, elle devançait les deux amis, et, livrant ses cheveux aux baisers fougueux du vent, elle oubliait ses noires pensées dans le bonheur d'une course désordonnée. Tantôt, armée de castagnettes, elle s'abandonnait à des danses lascives et enivrantes de son pays, et puis venait tomber haletante et étourdie entre les bras de son amant ; une autre fois, s'aventurant dans les montagnes, elle gravissait les plus hauts rochers, et, parvenue au sommet , contemplait avec une joie orgueilleuse le torrent qui mugissait à ses pieds dans l'abîme.

Il lui fallait de l'émotion pour imposer silence à ses remords : elle aimait la voix puissante de la tempête répétée par les mille échos des Pyrénées; elle aimait l'éclair rapide venant tout à coup illuminer la sombre obscurité d'une nuit d'orage; les rafales de vent enveloppant et broyant les chênes les plus altiers, comme un enfant fait d'un jouet fragile; la pluie tombant par torrents et se précipitant avec fracas dans les ravins de la vallée; elle aimait tout cela, et quand elle assistait frémissante à ces drames de la nature, il lui semblait que les éléments étaient en harmonie avec l'état de son âme.

Trois mois s'écoulèrent ainsi , riches de bonheur et de tranquillité pour Louis, mais agités pour Giovana, qui, toujours obsédée par ses douloureuses pensées, et, espérant y trouver un remède dans les plaisirs d'une grande ville, pressa Louis de la conduire à Paris.

D'ailleurs la neige commençait à argenter le sommet des Pyrénées ; les jours, devenus très-courts ne permettaient plus d'aussi longues excursions à nos chasseurs, qui, peu disposés eux-mêmes à s'ensevelir tout l'hiver dans le Béarn, consentirent facilement à satisfaire les désirs de la jeune Espagnole, et fixèrent le départ au surlendemain qui se trouvait le 1er décembre.

UNE NOCE

AU GRAND-COURRIER.

Gai, gai, mariez-vous.

DÉSAUGIER.

Marie-toi, tu feras bien,
Ne te marie pas, tu feras mieux.

Proverbe espagnol.

D'Arpajon à Paris, trois postes et demie.

Livre de poste

III

UNE NOCE AU GRAND-COURRIER.

Les beaux jours sont pour le vulgaire, disait avec raison une femme
d'esprit de l'autre siècle. En effet, c'est
au vulgaire à s'occuper du temps qu'il
fait ou qu'il fera ; notre soleil à nous,

c'est notre âme ; elle nous rend heureux ou malheureux, et nous suivons son influence et l'impulsion qu'elle nous veut bien donner dans la contemplation des choses extérieures.

Le premier décembre était arrivé, et avec lui, son escorte obligée de frimas ; une neige abondante tombait depuis la veille ; et cependant Giovana, plus gaie que de coutume, voyait d'un œil indifférent la nature affligée, et ne songeait qu'à- Paris, la ville de ses rêves, Paris, que sa vive imagination lui représentait comme un Eden, un séjour enchanté.

Rêve, rêve, pauvre fille ; le nuage doré qui te dérobe la vérité se dissipera trop tôt, et tu regretteras avec amertume, et les jours heureux de ton enfance, et l'air parfumé de ta chaude patrie.

Le mauvais temps qui ne cessa de régner durant tout le voyage de nos jeunes gens, commençait pourtant à leur en faire vivement désirer le terme dont ils n'étaient déjà plus qu'à huit lieues, lorsque, par une pluie battante qui avait remplacé la neige des jours précédents, l'essieu de leur voiture se rompit à l'entrée d'Arpajon.

Tout le monde ne connaît pas Arpajon, et c'est un malheur, je vous assure : pour moi, nomade par goût et flâneur par état, j'ai vu bien des villes, bien des bourgs renommés par la beauté de leurs sites ; j'ai vu Versailles somptueux et désert ; j'ai vu Saint-Germain, dont les échos maintenant silencieux semblent s'attrister de ne plus redire le son du cor dans les bois; Saint-Cloud, qui m'a séduit un moment par son amphithéâtre de maisons; Ecouen, Montmorency, Mantes qu'on nomme la jolie, j'ai vu tout cela, et rien, non rien ne m'a paru comparable à Arpajon, avec ses deux jolies rivières qui fuient sous les saules, ses boulevards ornés d'arbres séculaires, ses maisons blanches et propres, ses prairies émaillées de fleurs, qui, au mois de juillet, après une tiède pluie d'orage, feraient plutôt ressembler cette jolie ville à un bourg odorant de l'Andalousie, qu'à un chef-lieu de canton du département de Seine-et-Oise.

Arpajon, Arpajon, ma ville natale, sol que j'ai foulé pour la première fois, où, pour la première fois aussi j'ai connu l'amitié, l'amour et le bonheur...... que ne puis-je emprunter les couleurs les plus brillantes pour te remercier de ces jours que tu as faits si beaux à mon enfance, et que tu rends encore si légers et si agréables à ma jeunesse. Comme je m'écrierais avec notre grand poëte Casimir Delavigne :

Ah ! des fers dans ces murs qu'on ne peut oublier,
Plutôt qu'un trône ailleurs, un tombeau dans ses sables,
Un cachot si l'on veut...

Mais, revenons à nos voyageurs. Fredéric Renaud connaissait Arpajon ; mais par le mois de décembre et le temps qu'il faisait, il pensa que le site le plus agréable ne vaut pas un bon gîte, et, après avoir recommandé sa berline aux soins d'un garçon béarnais qui l'avait suivi, il se dirigea avec Louis et Giovana vers l'hôtel du Grand-Courrier où les attendait un singulier spectacle.

Une noce nombreuse précédée de deux violons peu d'accord, ce que nous attribuerons aux désagréments de l'atmosphère, arrivait gaie, pimpante et crottée à l'hôtel du Grand-Courrier, ou le Vatel de l'endroit préparait un copieux et succulent repas; pendant que la noce entière, mariée en tête, défilait dans la cuisine qui sert d'entrée, nos voyageurs restés à la porte à côté de la musique qui jouait *Il faut des époux assortis*, sur l'air : *Ça vous va-t'y bien?* remarquèrent pourtant, malgré les collerettes chiffonnées, une foule de minois plus jolis les uns que les autres, et, grâce au ruisseau qu'il fallait franchir, purent même jeter un coup d'œil investigateur sur des jambes fines et séduisantes, terminées par des pieds mignons non moins séduisants.

Nous avions fait une grave omission en effet, en ne signalant pas dans la description d'Arpajon, la rare perfection de ses jeunes filles ; il est impossible, je crois, de rencontrer dans aucun pays, un aussi grand nombre de jolies personnes ; il faut les voir le dimanche avec leurs bas blancs bien tirés, avec leurs robes si fraîches, leurs bonnets si transparents, si légers, il faut les voir se réunir en cercle, sous les arbres touffus qui ombragent le pont, et attendre leurs danseurs en devisant entre elles ; certes, l'on se croirait dans un harem de l'Orient, et dans quel embarras serait le sultan, car à qui jeter le mouchoir.

Louis et Giovana étaient entrés dans l'hôtel à la suite de la noce, et tâchaient d'obtenir une réponse de l'hôte, petit homme gros, gras et court, qui ne les écoutait guère, lorsque Frédéric, resté un instant en arrière, rentra accompagné d'un jeune homme que Louis reconnut aussitôt.

— Georges Strik ! s'écria-t-il.

— Lui-même, répondit le nouveau venu, en lui serrant affectueusement la main, Georges Strik qui se félicite d'un accident qui lui fait revoir deux

amis de collége, et qui les invite à partager le festin qui se prépare ici.

— Serais-tu le marié? s'écrient à la
fois Louis et Frédéric.

— Je n'ai pas ce bonheur, répondit
Georges avec un imperceptible sourire
qu'on pouvait interpréter ainsi : Allons
donc! Est-ce que je fais de ces bêtises-
là; mais il est de mes amis, et, présen-
tés par moi, vous serez les bien-venus.

Après une faible hésitation motivée
par le négligé de leur toilette, nos voyageurs se laissèrent persuader, et, la
présentation faite, on ne tarda pas à se
mettre à table.

Le premier service fut très-silen-
cieux, on n'entendait que quelques chu-
chotements mêlés au bruit strident des
assiettes et de l'argenterie (car il y a

de l'argenterie au Grand-Courrier); chaque convive paraissait du reste doué d'un vigoureux appétit, et cette circonstance jointe à la précédente, fit dire à un plaisant de la noce, loustic obligé dans ces sortes de cérémonie, que ce silence annonçait la *faim* du monde: ce bon mot, si l'on veut, donna l'élan, et, au second service, on vit tous les visages s'épanouir et la conversation s'animer ; les verres se remplissaient et se vidaient plus fréquemment, et tout annonçait les dispositions les plus favorables pour le bonheur des deux époux; le bordeaux et le bourgogne se partageaient les convives , *et vice versâ*; mais la joie fut à son apogée lorsque le champagne vint animer un dessert splendide, et savamment disposé. Nous passerons

sur l'immémoriale cérémonie de la jar-
retière et sur les couplets de rigueur ;
mais, au milieu de ces détails qui peu-
vent paraitre ridicules, il y avait, je vous
jure, une leçon grave et touchante pour
Giovana, cette pauvre jeune fille qui
seule ne prenait point part à cette fête :
cette jeune mariée fière et heureuse
d'un époux qu'elle tenait de sa mère ;
cette mère satisfaite et tremblante à la
fois ; toutes ces jeunes filles joyeuses
dans leurs robes de bal, douces et pu-
res créatures qui venaient célébrer la
perte d'une compagne (car une jeune
fille qui se marie, oublie vite ses affections d'enfance), et danser comme ces
Indiens qui se réjouissent sur le tombeau d'un parent mort ; Giovana voyait
tout cela, et comparait, malgré elle, la

position de cette jeune fille avec la sienne; elle la voyait dans l'avenir heureuse, considérée, et, en reportant ses regards sur elle-même, elle commençait à comprendre que, lorsqu'on est sorti des bornes du devoir, l'amour le plus violent n'est pas une excuse aux yeux du monde; et elle pensait avec douleur que ces mères, ces jeunes filles qui l'avaient accueillie tout à l'heure avec tant d'amitié, d'empressement, ne la regarderaient plus qu'avec mépris si elles venaient à connaître son secret. Georges Strik, placé à côté d'elle, s'aperçut seul de son émotion et en devina bientôt le motif. C'était un étrange jeune homme que ce Georges Strik: revenu sur les joies du monde, dont on prétend qu'il avait un peu abusé, il

mettait à profit la pénétration extraor-
dinaire dont il était doué, pour s'a-
muser aux dépens des autres; il avait
le cœur bon cependant, mais franc
jusqu'à la dureté; il s'était attiré parfois de fâcheuses affaires dont il était
du reste toujours sorti avec honneur;
il mettait un amour-propre singulier
à n'être dupe de rien; aussi, dès qu'il
crut s'apercevoir que Giovana n'était
que la maîtresse de son ami, son premier soin fut de lui faire comprendre
qu'il avait deviné son secret. A cette
cruelle assurance qui venait si à propos
conclure les réflexions de la jeune Espagnole, son premier mouvement fut
la colère; il lui sembla qu'elle haïssait
cet homme d'une pénétration si déses-
pérante; mais Georges, satisfait d'avoir

fait preuve de sagacité, et dont l'émotion de Giovana avait changé les soupçons en certitude, reprit tout à coup son caractère de bonté habituelle, et l'entoura de tant de soins et d'égards, qu'il parvint à gagner toute sa confiance avant la fin de la soirée, et que même, se sentant entraînée vers lui, elle entendit avec plaisir les trois amis échanger la promesse de se revoir à Paris.

PARIS.

SONNET.

Un amas confus de maisons ;
Des crottes dans toutes les rues ;
Ponts, églises, palais, prisons ;
Boutiques bien ou mal pourvues ;

Force gens noirs, blancs, roux, grisons ;
Des prudes, des femmes perdues ;
Des meurtres et des trahisons ;
Des gens de plume aux mains crochues ;

Maint poudré qui n'a point d'argent ;
Maint homme qui craint le sergent ;
Maint fanfaron qui toujours tremble ;

Pages, laquais, voleur de nuit ;
Carosses, chevaux et grand bruit ;
C'est là Paris. Que vous en semble ?

SCARRON.

Paris est l'enfer des chevaux, le purgatoire des maris et le paradis des femmes.

Proverbe de banlieue.

IV

PARIS.

Enfin, voici Paris!...

Et la berline qui portait nos voyageurs franchit la barrière d'Enfer après avoir subi les minutieuses investigations des commis de l'octroi.

Un étonnement profond se fit aussitôt

remarquer sur l'expressif visage de Giovana : cette entrée mesquine, cette rue d'enfer étroite et boueuse ne répondaient guère à l'idée qu'elle s'était faite de la capitale de la France ; la rue de Tournon, et les quais, par lesquels le postillon dirigea heureusement leur voiture, commencèrent à la rapatrier un peu avec notre pays ; et enfin cette seconde impression se changea en une admiration sincère et complète, lorsqu'elle se trouva au milieu de cette magnifique place Louis XV, Louis XVI, de la Concorde, ou de la Révolution, et qui n'attendait plus à cette époque que l'obélisque de Louqsor pour avoir le prétexte de changer une cinquième fois de nom.

Giovana voyait à sa gauche et dans

le lointain l'arc de triomphe de l'É-
toile, resplendissant souvenir de Na-
poléon, dont le sommet semblait se
perdre dans la brume ; à sa droite, les
Tuileries dont les arbres dépouillés lui
rappelaient les ombrages éternels du
Buen-Retiro ; derrière elle, le palais de
notre représentation nationale ; et, en
face, la Madeleine encore inachevée,
mais qui se présentait déjà gracieuse
et imposante avec ses chapiteaux co-
rinthiens.

Un instant après la voiture s'arrêtait
rue Tronchet, à la porte d'une vaste
et belle maison ; et Giovana, transportée
aussitôt dans un délicieux appartement,
ne put contempler sans une joie qu'il
faut être femme pour bien comprendre, l'heureuse disposition de chaque

pièce, et l'élégance et la richesse de l'ameublement. Un repas délicat était servi dans la chambre à coucher auprès d'un feu clair et pétillant, et Louis et Giovana, que Renaud venait de quitter pour se rendre chez lui, y firent honneur en le partageant ensemble, et tête à tête, plaisir dont ils n'avaient pas joui depuis longtemps ; on concevra facilement tout ce qu'il y a de délicieux dans une collation faite ainsi, à deux, sous le manteau de la cheminée. Qui n'a goûté au moins une fois dans sa vie ce suprême bonheur d'être deux, d'être seuls ; de se sourire ; de se murmurer bien bas, bien bas, de douces paroles d'amour, paroles si brèves, mais si expressives ; de se ravir en riant de longs baisers ; ou de s'enivrer en silence des regards l'un de l'autre?

C'est ainsi que les deux amants passèrent cette première journée, se suffisant à eux-mêmes, et heureux d'être ensemble.

Le lendemain et les jours suivants furent consacrés à visiter la capitale. Le lecteur ne s'attend probablement pas à trouver ici une description de Paris; elle est toute dans le Guide du Parisien, et, à mon sens, les descriptions les plus simples sont celles qui donnent l'idée la plus grande et la plus vaste des belles choses : c'est donc au Guide du Parisien que je renvoie le lecteur, et non à M. Dulaure, ce savant archéologue qui a trouvé le moyen de souiller tout son savoir et toute son érudition, par la rage perpétuelle et la partialité qu'il apporte dans son Histoire de Paris. Pauvre Dulaure, qui ne voyait la France que depuis 89, et qui, au seul nom de roi et de prêtre, avait toujours d'effrayantes nomenclatures de crimes, d'assassinats et d'empoisonnements, sans dire un mot de ce qu'ils avaient fait de bon pour le bien des hommes et des peuples.

Louis, qui possédait son Guide du Parisien, expliquait à Giovana l'origine et l'objet de chaque monument, et notre jeune Espagnole, qui n'avait reçu d'autre éducation que celle que reçoivent les femmes de son pays, et qui n'avait guère lu dans sa vie que des livres de piété ou de chevalerie, une _put s'empêcher de remarquer que si un de ces héros de l'ancien Paris, un de ces preux du règne de Charlemagne, tout bardé de fer, et la lance au poing, pouvait renaître tout à coup au milieu de notre civilisation moderne, et qu'il voulût comme de son temps arrêter les passants et les contraindre au combat, la force publique sous le harnois d'un sergent de ville, ne manquerait pas d'en faire bientôt bonne et prompte justice, en conduisant le paladin à la Préfecture ou à Charenton.

Les spectacles eurent leur tour : Giovana les vit tous, et si quelques-uns lui inspirèrent du dégoût, d'autres excitèrent au plus haut degré sa sympathie et son émotion; son âme impressionnable s'identifiait merveilleusement avec les personnages, les situations, et se reflétait sur son visage mobile, par le rire ou par les larmes.

Les bals, qui cependant furent peu brillants cette année, vinrent aussi lui offrir leurs attraits : elle vit ceux de la ville et de l'Opéra, et, comme elle y fut fêtée et admirée, elle les trouva délicieux. Elle avait un goût particulier pour la valse, et elle s'y livrait avec un entrainement qui tenait du délire ; elle lui rappelait les danses enivrantes de son pays, et les meilleurs valseurs étaient toujours sûrs de lui plaire.

Ainsi s'écoulaient les heures, les jours, les semaines, les mois; et Giovana, entourée d'hommages et d'adorations, paraissait avoir triomphé de ses re- mords : elle était enjouée, heureuse, et dans l'espèce de vertige que lui cau- saient les fêtes et les plaisirs, elle ne s'apercevait pas, insensée, que Louis, souvent soucieux, était devenu à son tour pensif et préoccupé; qu'il sortait plus souvent seul, et qu'il l'abandon- nait pour ainsi dire à la société de ses amis. Étourdie et fascinée, elle avait banni pour le moment les souvenirs importuns qui l'assiégeaient jadis. Le plaisir l'occupait exclusivement, et on la voyait sans cesse avide de nou- velles fêtes, de nouveaux plaisirs au milieu d'un essaim de jeunes gens.

En effet, outre Frédéric Renaud, qui n'avait cessé de venir assidûment chez

Louis, ce dernier avait présenté à sa maîtresse plusieurs jeunes gens dont l'esprit et la gaîté étaient occupés uniquement à créer chaque jour de nouveaux plaisirs à la jeune étrangère.

De ce nombre était Eugène de Bresy, gant-jaune du café de Paris, grand amateurs de chevaux, de chiens et de femmes, comme il le disait lui-même, en faisant plaisamment observer à ses auditeurs, que, le masculin étant plus noble que le féminin, il suivait dans cette hiérarchie d'objets de luxe, les règles établies par la grammaire : du reste, aimable et joli garçon, Eugène de Bresy n'avait qu'un défaut capital, celui d'être fort prévenu en sa faveur, et, par cela même, fort dangereux pour une femme.

« De ces jeunes gens qu'elle recevait chez elle, et qui étaient de toutes ses parties au bal, au bois, ou au théâtre, Eugène de Bresy, soit qu'il fût le plus aimable, soit qu'il flattât davantage les goûts de Giovana, était celui qu'elle voyait avec le plus de plaisir.

Elle songeait bien parfois à ce Georges Strik qu'elle n'avait vu qu'un instant, et vers lequel elle se sentait un penchant si incompréhensible, mais, malgré la promesse qu'il avait faite, l'hiver allait s'écouler sans qu'elle l'eût rencontré, et sans qu'il fût venu faire une seule visite aux deux amants : C'était bien un vide dans le souvenir de Giovana, mais elle ne pouvait, ni ne cherchait à l'expliquer ; en effet,

que lui était Georges Strik, sinon une
agréable impression de voyage ; pourtant, n'était-ce pas un ami de Louis,
de son bien-aimé ? Oh ! oui, certes,
elle pouvait y penser.

Le Mardi-Gras

ET

LE MERCREDI DES CENDRES.

Et leurs pas ébranlant les arches colossales
Troublent les morts couchés sous le pavé des salles.

Victor Hugo (ballade).

Memento, homo, quia pulvis es
Et in pulverem reverteris.

Job

V

LE MARDI-GRAS

ET

LE MERCREDI DES CENDRES.

Il y avait des moments cependant où le remords plus puissant que les plaisirs venait assiéger de nouveau l'âme de Giovana. C'est en vain qu'elle cherchait à étouffer la voix de cet ennemi de son repos, elle y parvenait quelques instants, mais bientôt cette voix renaissait plus forte et plus impérieuse. On porte toujours au fond du cœur le souvenir des jours passés dans l'innocence et le remords de les avoir perdus.

Alors, un étrange découragement s'emparait de la jeune Espagnole ; elle devenait triste, pensive ; les souvenirs du passé se pressaient en foule dans son esprit ; elle embrassait sa vie d'un coup d'œil, et elle la voyait se dérouler devant elle, d'abord calme et paisible, comme un ruisseau qui coule frais et limpide à travers des prairies, bientôt après terne et agitée, comme un fleuve dont les flots irrités et limoneux vont, grossis des égouts des villes, se perdre dans l'Océan.

Puis, elle se prenait à rêver de sa famille, de ses compagnes, de la patrie, des jours joyeux de l'enfance, et les larmes lui venaient aux yeux ; non de ces douces larmes, perles brillantes qui semblent enchâssées dans l'azur, mais des larmes amères, larmes de repentir et de désespoir qui brûlent et rougissent sans pitié les paupières.

Autrefois, c'est dans le sein de Louis que Giovana se serait réfugiée pour retrouver un peu de calme ; c'est la main de son bien-aimé qui aurait essuyé ses pleurs, si sa bouche ne les eût recueillies ; c'est sa voix qui l'eût consolée ; mais il était survenu un si grand changement chez Louis de Montmont, il était si froid, si différent de ce qu'il était jadis, que Giovana ne cherchait un peu de paix et de tranquillité que dans la prière, cette fille du ciel, refuge des affligés. Elle s'agenouillait sur les dalles des églises pendant de longues heures, offrant à Dieu ses regrets; puis, le calme rentrant peu à peu dans son esprit, elle croyait avoir assez fait pour le repos de sa conscience, et s'abandonnait de nouveau, insouciante et inconsidérée, au torrent qui l'entraînait..... pauvre jeune fille !.....

Le Mardi-gras arriva..,... Le carnaval ivre et haletant n'avait plus qu'une nuit d'existence ; après, il devait jeter dans un coin ses guenilles souillées de sueur et de poussière pour ne les reprendre que l'année d'ensuite; car il lui faut une année, tout entière, pour rajuster ses oripeaux, cuver son vin, panser ses plaies, et farder son visage pâle et ridé.

Mais avant de livrer son masque au ruisseau de la rue, avant d'accrocher au plancher sa marotte, son tambour et ses grelots, avant d'emmagasiner sa poudre, son sourire, ses mouches, sa joie et ses paillettes d'or, le vieil enfant avait encore une nuit devant lui, et il voulait l'employer dignement. Il avait convoqué tout Paris à son agonie, et tout Paris, répondant à son appel, se ruait en chantant vers les mille temples du dieu agonisant.

Chacun de ces temples avait son aspect particulier ; véritable Protée, le dieu s'offrait dans chacun d'eux, sous une forme différente, et avait un culte différent : dans les uns, cousu dans un domino, il était guindé, prétentieux, musqué; il causait à demi-voix, baillait à se fendre la bouche jusqu'aux oreilles, et errait toute une nuit sans danser dans une salle ronde ruisselante de lumières. Dans les autres, revêtu du commode paillasse, du gracieux habit d'arlequin, ou de la large culotte du matelot, il riait, dansait, valsait, chantait, tournoyait en faisant l'amour, aux sons frénétiques d'une musique étourdissante. Dans les derniers enfin, le dieu, les yeux hagards et l'injure à la bouche, s'enivrait de vin épais et d'eau-de-vie brûlante, prostituait partout ses sales caresses, ou se roulait dans la fange et parfois dans le sang.

C'est à l'Opéra, le plus brillant de
ces temples, que Louis et Giovana, ac-
compagnés d'Eugène de Bresy et de
plusieurs jeunes gens, étaient venus
faire leurs adieux au carnaval; seulement cette année, une révolution semblait s'être opérée dans les habitudes
du lieu : le domino, proscrit comme
ennuyeux, avait fait place aux élégants
habits de marquis, aux pierrettes de
satin, à ces gracieux costumes du
moyen âge tailladés et soyeux; on ne
voyait que toques de velours, aigrettes
et panaches brillants, dagues de Tolède,
sandales de pèlerin, perruques anti-
ques, robes à ramage; tous les siècles,
tous les âges, tous les pays avaient
apporté leur tribut; l'Opéra semblait
un de ces riches bazars de l'Orient,

entrepôt du monde, où toutes les nations ont leurs représentants depuis le froid et lourd Germain, jusqu'au Klepthe au costume pittoresque; depuis l'esclave de Smyrne, dont le voile gracieux et transparent fait toute la parure, jusqu'à la Circassienne à la robe ample et traînante; depuis l'Africain au visage d'ébène, jusqu'au pâle habitant de nos contrées.

Joignez à ce tableau pour l'animer, la musique enivrante de Tolbecque, l'éclat des mille bougies et des lustres, la moiteur de l'air, la senteur vague qui parcourait la salle, et vous n'aurez encore qu'une idée incomplète de ce qu'était l'Opéra ce soir-là.

Il y avait déjà quelques heures que Giovana et ses amis jouissaient de ce spectacle, intriguant les uns, intrigués par les autres, lorsque, l'orchestre ayant donné le signal d'une valse, un cavalier à la démarche aisée et portant le costume original des montagnards de l'Aragon vint prendre la jeune Espagnole, et partit en l'entraînant sans presque avoir attendu sa réponse.

Eugène de Bresy, qui s'était laissé prévenir, à son grand regret, les suivit de l'œil quelques instants, mais il les perdit bientôt de vue, tant l'affluence des valseurs était considérable : et puis c'était, je vous jure, quelque chose à donner le vertige, que ces couples bizarrement habillés tournant, tour-nant sans cesse.

Giovana, dont on connaît la passion pour la valse, s'y abandonnait de tout cœur ; elle avait un excellent valseur, et déjà elle avait fait plusieurs tours de salle, lorsque, soit réalité, soit par effet de son imagination, elle crut voir les yeux de son cavalier étinceler sous son masque noir, et un sourire effleurer ses lèvres. Elle voulut s'arrêter, mais une puissance plus forte que sa volonté l'obligeait à continuer de valser ; elle voulut se débarrasser du bras qui l'entourait, mais ce bras vigoureux semblait cloué sur sa taille, et elle valsait malgré elle.

Tout à coup la mesure devint plus rapide ; les sons pénétrants des instruments de cuivre retentirent plus précipités, plus entraînants, et les valseurs tournèrent d'une manière effrayante ; on eût dit la ronde infernale quand les damnés dansent entre eux ; la salle semblait devoir s'écrouler à chaque instant ; la tête de Giovana s'égara tout à fait ; et il lui sembla qu'elle entendait comme une voix qui lui murmurait à l'oreille ces mots sans suite : Madrid.... Déshonneur.... Tombeau.... Une sueur froide parcourut tout son corps, son visage se décolora, ses jambes fléchirent, et, au moment où le dernier coup d'archet venait d'arrêter comme un seul homme, tout cet océan de valseurs, elle tomba sans connaissance dans les bras de son cavalier, qui, après l'avoir remise aux soins de Louis, qu'il aperçut non loin de lui, disparut aussitôt dans la foule.

Transportée dans sa voiture, et bientôt dans son appartement, Giovana reprit enfin ses sens ; mais c'est en vain que Louis l'interrogea : elle se défiait trop d'elle-même pour ne pas craindre qu'il ne traitât cet événement de vision, et elle se borna à attribuer son indisposition à la chaleur. Mais quand elle fut seule, et qu'elle put réfléchir sans témoins à ce qui lui était arrivé, son imagination craintive et superstitieuse, lui fit regarder ce qu'elle avait entendu comme un avertissement du ciel, et elle se prit à pleurer sur ses fautes, formant le projet, non de renoncer à Louis, elle regardait cela comme impossible, mais au moins d'abandonner le monde et ses plaisirs.

Pour se fortifier dans cette résolution, elle s'habilla aussitôt qu'elle vit poindre le jour, et sortit à la hâte, se dirigeant vers l'église de l'Assomption.

Le temps était brumeux ; un brouillard opaque entourait Paris comme un voile ; presque toutes les boutiques étaient encore fermées ; on apercevait bien çà et là quelques groupes de masques plus ou moins avinés, quelque infect tombereau de boueur obstruant la chaussée, ou quelque naïf et matinal épicier embaumant le voisinage de l'odeur agréable du moka qui brûle en pétillant, mais, à cela près, les rues désertes paraissaient abandonnées aux laitières grelottant sous leurs capuchons à fleurs.

Il n'y a pas loin de la rue Tronchet à la rue Neuve-du-Luxembourg : Giovana y fut bientôt, et elle entra dans l'église déserte et silencieuse. Elle s'agenouilla près d'un autel fort simple où un vieux prêtre vint bientôt officier, et elle entendit la messe, fervente et recueillie, comme aux jours de son enfance ; puis elle reçut les cendres avec de pauvres femmes agenouillées à ses côtés.

Quand elle se releva calme et consolée, elle vit debout, derrière elle, un grand jeune homme brun qui la regardait d'un air mélancolique. Sa stature, son regard lui rappelèrent involontairement le valseur du bal et elle s'empressa de sortir.

Arrivée à sa porte sans s'être retournée, elle hasarda un coup d'œil et aperçut encore à quelques pas l'in-

connu enveloppé dans les plis de son
vaste manteau. Elle se hâta de frapper,
et la porte, qui retombant lourdement,
lui permit de respirer avec plus de
liberté. Elle monta précipitamment et
courut s'enfermer dans sa chambre.

RENCONTRE AUX TUILERIES.

Ne laisser entrer que les gens proprement vêtus, et les chiens en lesse.

Consigne des Tuileries.

Et pourtant elle y pensait souvent.

Roman inédit.

VI

RENCONTRE AUX TUILERIES.

Les divers incidents que nous ve-
nons de rapporter occupèrent quelque
temps Giovana ; mais, insensiblement,
leur souvenir s'affaiblit ; il s'effaça

même bientôt tout à fait ; et elle reprit son train de vie habituel.

Qui n'eût fait comme elle !... tout ce qui l'entourait, concourait à lui faire oublier ses projets de retraite ; et puis, le monde est si attrayant, les hommages sont si doux, qu'il faut bien de la force d'âme pour y renoncer tout à fait ; aussi, par un bel après-midi du mois d'avril, Giovana, qu'embellissait encore une charmante toilette d'hiver, allait monter dans son coupé accompagnée d'Eugène de Brésy, son cavalier servant, lorsque le concierge lui remit une carte de visite fort simple, où se lisait, en petites italiques, Georges Strick.

A la vue de ce nom qui venait si souvent sur ses lèvres, notre jeune

Espagnole ne fut pas maîtresse d'une vive émotion, et, tout en s'arrangeant dans sa voiture, elle se demandait tout bas si cette carte qu'elle roulait dans ses doigts lui apportait une impression gaie ou triste, incertaine qu'elle était encore sur le genre de souvenir qu'elle accordait à Georges Strick, et ne s'expliquant pas parfaitement la nature du sentiment qui l'entraînait à placer toujours ce jeune homme en première ligne dans ses pensées de tous les instants.

Il est donc à Paris, il n'a donc pas entièrement oublié ses amis, disait-elle; elle éprouvait de la satisfaction et du dépit à la fois : et elle se promettait bien de se venger par la froideur de la négligence de Georges;

car il reviendra, pensait-elle encore.

Au milieu de ces réflexions le coupé s'était acheminé vers les Champs-Elysées, et Giovana, songeant enfin qu'elle n'était pas seule, et qu'elle avait laissé sans réponse plusieurs interrogations de M. de Brésy, chercha à faire oublier sa préoccupation, en parlant tout à coup et fort vite de choses diverses. Mais, quelque effort qu'elle fît, elle ne put arriver à bannir entièrement de son esprit les idées qu'y avait fait naître le seul nom de Georges Strick; elle fut sans cesse distraite, et elle parut fort maussade à son cavalier, qui s'en dédommageait en saluant avec affectation les nombreux amis qui enviaient son bonheur.

Ne croyez pas cependant que Giovana éprouvât de l'amour pour Georges Strick ; il s'en faut : le sentiment qui l'animait ne peut guère être défini avec justesse que par le mot sympathie.

La sympathie c'est une parenté de cœur et d'esprit ; un mouvement de l'âme qui tient à nos affections, à la nature de notre caractère, de nos mœurs, de nos habitudes. Vous voyez une personne pour la première fois ; un doux penchant vous attire vers elle ; examinez la nature de cette sympathie, vous y trouverez un jugement inaperçu, une analogie entre l'idée que vous prenez de ses qualités, et vos inclinations, vos goûts particuliers. Une autre vous inspire de l'éloignement sans que vous puissiez en deviner la cause ; prenez la peine d'analyser cette aversion, et vous en trouverez la cause dans un jugement si rapide que son action vous échappe.

Je conclus de là et je répète que la sympathie est le résultat d'un mouvement de l'âme dont on n'est pas maître et qui est imprévu et instantané.

C'était un sentiment de ce genre que Giovana éprouvait pour Georges. Elle se sentait entraînée vers lui par un penchant dont elle ne pouvait se rendre compte et qu'elle n'avait pas la force de combattre. Ce n'était donc pas de l'amour, vous le voyez bien; mais c'était un acheminement rapide vers une sincère amitié.

Arrivée au bois de Boulogne, Giovana, qui cependant n'était sortie que

pour le parcourir, fit subitement tour-
ner bride à son cocher, et, de retour à Paris, proposa à M. de Brésy
une promenade aux Tuileries. Elle
ordonna d'arrêter à la porte du jardin qui donne sur la rue Castiglione,
et, après avoir congédié sa voiture,
elle se mêla avec son cavalier aux flots
de promeneurs qui encombraient, ce
jour-là, la terrasse des Feuillants : la
foule en effet était immense ; c'était le
premier jour ; et tout Paris élégant
semblait s'être donné rendez-vous aux
Tuileries pour humer un peu d'air et
de soleil. On sentait déjà l'influence
du printemps prêt à naître ; les femmes étaient gaies et heureuses ; les
jeunes gens lestes et joyeux ; tous les
visages paraissaient sourire pour se

mettre en harmonie avec la nature qui souriait aussi.

Que de regards lancés et rendus à la dérobée ! que de demi-mots compris seulement par ceux à qui ils étaient adressés !... Que de douces et malignes confidences échangées bien bas , à l'oreille ! que de soupirs ! que d'esprit et de fadeurs dépensés au même instant dans cet espace étroit qui longe la rue de Rivoli !

Giovana et son cavalier jouissaient à peine depuis vingt minutes de ce coup d'œil animé , lorsqu'ils se trouvèrent tout à coup vis-à-vis de deux jeunes gens , dont l'un était Georges Strick ; c'était bien le moment d'entamer le chapitre des reproches, mais Georges convint si franchement de ses torts; il mit tant de bonne grâce dans les excuses qu'il adressa à Giovana pour sa justification, qu'elle reçut avec joie sa promesse de venir dîner le lendemain avec Louis. Et ils se séparèrent.

ILLUSIONS.

Vanité des vanités, et tout n'est que vanité.

SAINT CHRYSOSTÔME.

VII

ILLUSIONS.

Le lendemain n'arriva pas assez vite
au gré de Giovana ; et, quand il fut
venu, la journée lui parut d'une lon-
gueur mortelle. Elle reçut plusieurs
visites, qui, loin de la distraire, ne

firent que l'impatienter; elle allait et venait dans son appartement, ouvrait son piano qu'elle abandonnait bientôt, courait à la fenêtre, et retournait en-suite au piano pour l'abandonner de nouveau.

Enfin quatre heures sonnèrent, et, un instant après, elle vit entrer Georges Strick précédé de Louis, qu'il avait ren-contré, et qui lui adressait les mêmes reproches que Giovana lui avait faits la veille aux Tuileries.

Georges avoua avec une ingénuité qui fit beaucoup rire les deux amants, qu'il avait consacré tout son temps à une ingrate qui l'avait trompé, et il entra, à ce sujet, dans les détails les plus plaisants sur ses déboires amour-reux, concluant de là qu'il n'était pas

fait pour être un homme à bonnes for-
tunes, et jurant d'une manière éner-
gique, qu'il ne voulait plus connaître
qu'un seul sentiment, l'amitié.

On se mit gaîment à table sur ces
derniers mots, et le dîner se ressentit
de la joyeuse disposition des convives :
Giovana éprouvait une joie douce à se
voir entre ces deux hommes qui lui
inspiraient un sentiment également vif,
mais bien différent. De son côté, Louis
semblait avoir chassé les nuages qui
obscurcissaient son front : il avait du
laisser-aller, de l'abandon, presque de
la gaîté, et témoignait à Giovana plus
de tendresse qu'il ne lui en avait mon-
tré depuis bien longtemps.

Il n'y avait pas une heure toutefois
que Georges était avec eux, qu'il con-

naissait déjà mieux qu'eux-mêmes leur position réciproque. Il lisait dans les regards de Louis la satiété prête à naître : il voyait dans ceux de Giovana un amour toujours égal, mais, en même temps, une confiance si absolue dans celui de Louis, qu'il comprit que si cette confiance était trahie un jour, comme elle ne pouvait manquer de l'être, elle causerait, dans le cœur de la jeune Espagnole, des ravages dont on ne pouvait trop craindre les suites. Il forma intérieurement le projet d'en causer avec Louis après le dîner, mais son attente fut trompée, car, à peine avait-on quitté la table, que ce dernier, ayant pris son chapeau, serra affectueusement la main de Georges, le priant de tenir compagnie à Giovana, et prétextant une importante affaire, sortit avec empressement.

Ce départ qui ne parut pas surprendre Giovana, vint corroborer les soupçons de Georges : il pressentit le changement prochain de Louis, et, en voyant l'imprévoyance de cette jeune femme qui lui inspirait un si vif intérêt, il se représenta le désespoir dont serait suivi son désenchantement, s'il ne l'y préparait peu à peu. Il résolut donc de fortifier son âme contre un malheur qu'il regardait comme inévitable ; pour cela, il fallait combattre et détruire les illusions les plus chères de Giovana : c'était une tâche pénible, mais qui entrait dans ses goûts ; il était à tort ou à raison l'adversaire déclaré des illusions ; il les combattait chez tous et partout; et il avait fort affaire, je vous jure, car tout n'est-il pas illusion dans la vie?

Cette jeune femme qui vient de donner le jour à un fils, son premier-né, se le représente déjà comme un conquérant, ou un magistrat distingué! illusion! l'enfant meurt en faisant ses premières dents, ou, s'il vit, ce héros célèbre, ce magistrat distingué, n'est qu'un épicier très-considéré, c'est vrai, mais qui professe hautement une grande antipathie pour les procès, et n'a du goût de la guerre que juste ce qu'il faut pour faire un excellent sergent de la garde nationale.

Ce jeune homme qui croit à l'amour pur et désintéressé, et qui, sur de frivoles promesses de jeune fille, se bâtit déjà dans l'avenir toute une existence de bonheur; illusion ! son idole, son ange, comme il l'appelle, lui défend sa porte un beau jour, lui renvoie tous ses gages de tendresse, et épouse, le lendemain, un paralytique riche, cacochyme et idiot.

Cet homme intègre et bienfaisant, mais animé par une juste et louable ambition, pense avec espoir que cinquante ans de vertu lui donnent des droits aux suffrages de ses concitoyens; illusion ! son concurrent, Crésus des environs, est proclamé dans l'ivresse d'un banquet à ses frais, et va grossir les nullités de la chambre élective, et voter entre deux sommes.

Cette vieille fille qui attend un mari ; illusion !

La fidélité des amants ; illusion !

Illusion ! illusion ! et tout n'est qu'illusion !.. Tout ce qui en impose au vulgaire par l'éclat, l'antiquité, l'importance, la richesse, la gloire ; illusion ! toujours illusion !

L'illusion, c'est un de ces feux légers chatoyants à l'œil, qu'enfante la terre dans les jours brûlants de l'été ; c'est un de ces séduisants mirages qu'on voit parfois resplendir au désert ; leur éclat mensonger trompe le voyageur, le soutient un instant et lui donne du courage : mais un moment vient où le feu disparaît, où le mirage se dissipe, et où le voyageur tombe sur le chemin en invoquant la mort.

Il en est ainsi des illusions de l'homme. A chaque pas qu'il fait dans la vie, elles s'évanouissent devant lui : ce sont des fleurs dont les pétales s'é- parpillent peu à peu effeuillées par la main de la réalité, et qui tombent une à une de la couronne d'une jeune fille, et l'homme et la couronne on les voit bientôt, l'une fanée et sans éclat, l'au- tre malheureux et découragé.

Notre vie elle-même, notre vie tout entière, ne serait-elle pas une illusion, une longue illusion, brillante pour quelques-uns, pâle et décolorée pour les autres, et dont le terme pour tous serait la mort. Non, car, quoi qu'on en dise, les illusions ne sont pas le bonheur; elles n'en sont que le sem- blant, et le créateur ne peut nous avoir mis sur la terre pour être misérables.

L'homme heureux est celui qui a

trop vu de choses ridicules pour beaucoup rire; trop de choses affligeantes pour être affecté vivement de quoi que ce soit; et trop d'événements extraordinaires pour être étonné de rien; c'est en un mot l'homme qui n'a plus d'illusions.

C'est au moins ce que pensait Georges, qui toujours positif désespérant, et fermement imbu de ce principe, entreprit de combattre les illusions de la jeune Espagnole, de lui ouvrir les yeux sur sa véritable position, et de lui épargner ainsi pour l'avenir des peines plus amères,

MATHILDE.

S'il est parmi les hommes quelques âmes privilé-
giées en qui l'amour, loin d'être affaibli par les plaisirs, semble emprunter d'eux de nouvelles forces ; pour
la plupart c'est une fausse jouissance, qui, précédée
d'un désir incertain, est immédiatement suivie d'un
dégoût marqué, qu'accompagnent encore trop souvent
la haine et le mépris.

DESMAHIS.

VIII

MATHILDE.

Les soupçons de Georges n'étaient que trop fondés en effet, Louis était infidèle. Il avait aimé Giovana avec passion ; il avait cru l'adorer toujours ;

il était même de bonne foi, mais son cœur l'avait trompé.

Giovana n'avait dû cet amour passager qu'au ciel brûlant de l'Espagne; à ce désir de conquête qui anime tous les jeunes gens; et à je ne sais quelle disposition d'esprit, à quelle influence atmosphérique qui charme, qui égare, et qui trompe sur les véritables sentiments qu'on éprouve.

Il eût aimé ainsi et avec bonne foi, je vous assure, toute autre femme que Giovana, et la beauté et les grâces de celle-ci ne purent que retarder un peu l'heure de l'indifférence, et peut-être même cette heure serait-elle encore à venir, si Louis n'eût rencontré dans le monde la jeune fille la plus capable de faire excuser une infidélité; charmes, candeur, talents, fortune même, elle réunissait toutes les qualités, tous les prestiges qui sont en possession de séduire l'homme.

A tant de puissants attraits vint s'en joindre un autre encore plus puissant, plus irrésistible: Louis s'aperçut qu'il était aimé, et il n'en fallut pas davantage pour fortifier son amour; en effet, rien ne lie comme la certitude de plaire; et Louis plaisait.

A dater de cet instant, il ne songea plus qu'à mademoiselle Mathilde d'Anville; il lui consacra tous les moments qu'il passait loin de Giovana. Ce n'était pas sans bien des remords pourtant qu'il s'abandonnait à cette passion, mais il se sentait entraîné malgré lui, et la pente était trop douce pour chercher à s'arrêter ; et, sans trop s'être consulté lui-même il déclara son amour à madame d'Anville et obtint la main de sa charmante fille, qui, dès lors, reçut l'ordre maternel de regarder Louis de Montmont comme son futur époux.

La jolie Mathilde put alors se livrer sans contrainte à tout le charme d'une passion que sa mère approuvait : semblable à la fleur des champs qui entrouvre ses fraîches corolles aux premiers rayons de l'aurore, le cœur de Mathilde s'épanouissait à son entrée dans la vie sous la tiède haleine de l'amour.

Étrange puissance que celle de l'amour ! puissance qui vous pousse à son gré au bien ou au mal, à la gloire ou à la honte ; puissance qui se joue également du vieillard hélas ! et de l'enfant; qui fait grimacer le premier et sourire le second.

Oh, l'amour! l'amour dans la jeunesse, avec l'innocence et la santé, comme c'est quelque chose de frais et de pur! comme cela embaume et parfume l'air! comme cela rend bon et fier! comme cela fait vivre à pleine vie!

Qui ne se souvient toujours avec bonheur des premiers battements de son cœur? de cette douce émotion qui annonce la naissance d'une forte passion? du bonheur inexprimable que causent la simple pression d'une main, le frôlement d'une robe, la fleur échappée d'un sein qui palpite sous la gaze légère?

Qui ne se souvient toujours de ces

molles rêveries , de ces poignantes inquiétudes pendant l'absence de ce qu'on aime? femme ou jeune fille, riche ou pauvre, comme le cœur sait la parer ! comme on la parfume ! comme on la dépouille de tout ce qu'elle a de terrestre.

Et c'est à ce point qu'était rendu l'amour de Mathilde. Pauvre enfant ! elle avait encore toutes les illusions du pensionnat ; ses grands yeux bleus exprimaient l'innocence ; elle aimait sans savoir positivement qui elle aimait, sans savoir pourquoi, par entraînement, comme on aime son père, comme on aime Dieu ; et elle aimait avec ferveur. Louis était venu le premier s'offrir à ses regards ; c'était Louis qu'elle avait vu lui sourire le premier, et elle s'était habituée peu à peu à le regarder comme le seul être que son cœur devait choisir ; et puis avec cela, sa mère n'était-elle pas venue sanctifier son amour par un consentement positif...

Combien de fois dans ses douces causeries avec ses jeunes compagnes n'avait-elle pas esquissé le portrait de celui qui serait son époux ; portrait invraisemblable, hélas ! et aussi varié que son imagination versatile de jeune fille subissait des impressions plus ou moins agréables, mais qui réunissait toujours aux grâces les plus parfaites, les qualités les plus imaginaires.

Tantôt c'était un jeune militaire revêtu d'un brillant uniforme : il parvenait rapidement aux grades les plus élevés ; les bulletins proclamaient son nom avec éloge ; et quand Mathilde sortait à son bras., c'était avec orgueil qu'elle voyait les factionnaires lui présenter les armes, comme autrefois, petite fille, elle les avait vu présenter à son père.

Tantôt oubliant tout cet appareil guerrier, une autre vision venait bientôt prendre sa place : elle se créait un beau visage de jeune homme, une de ces têtes méridionales pâles et expressives : elle lui donnait la mélancolie, le génie, et surtout l'amour, un amour pur, discret, qui ne se plaît que dans les larmes, qui ne réside que sous de noirs ombrages, et ne foule que de verts gazons ; un de ces hommes dont la passion s'exhale en chants d'amour, et dont la complexion délicate ne peut résister aux peines du cœur.

Une autre fois, chassant de son esprit cette nouvelle chimère, elle se pla-çait dans une condition obscure, se plaisait à se faire un amant obscur comme elle, mais bon, jeune, probe, laborieux, et avec qui elle passait tran-quillement les rudes épreuves de la vie.

C'est donc encore tout imbue de ces impressions du pensionnat, que Mathilde, blonde et innocente jeune fille de seize ans, vit Louis de Montmont : c'était un beau et aimable jeune homme, comment ne pas supposer qu'il joignait à ces dons heureux de la nature, les autres qualités que sa vive et jeune imagination avait rêvées ?

Et puis à l'âge de Mathilde le besoin d'aimer est si impérieux, si puissant; le cœur est si avide de se donner, que souvent hélas! une pauvre jeune fille se passionne pour le premier fat que le hasard jette sur son chemin.

Et puis encore, la femme n'est-elle pas ici-bas pour aimer? sa mission sur la terre ne tend-elle pas uniquement à ce but? en effet, suivez-la depuis sa plus tendre enfance jusqu'à l'âge le plus avancé, tout vous démontrera la vérité de ce que j'avance. Seulement, l'objet de son amour change suivant les temps et les circonstances : enfant, elle aime sa poupée et ses joujoux; jeune fille, elle aime la toilette, le bal, les hommages; plus tard, c'est un époux, un fils, qui se partagent ses affections;

puis après vient Dieu, Dieu qui est toujours là ; Dieu dont on se souvient enfin lorsqu'on est vieille et laide, Dieu à qui l'on consacre les restes d'une vie dont le monde ne veut plus, et qu'embellissent presque toujours un petit chien hargneux, un perroquet maussade, et le tabac de la régie.

Mathilde subissait donc les conséquences de cette loi d'aimer attachée à sa condition de femme : l'âge de la poupée était passé pour elle ; celui des petits chiens et des perroquets était bien loin encore ; et voilà pourquoi elle aima Louis avec toute la force, toute la plénitude de son âme jeune et vierge.

Comme elle était heureuse, lorsqu'à côté de sa mère, sa main dans la main de Louis, elle confondait ses regards dans les siens et s'enivrait d'espérance et de bonheur !

Et dans le monde donc, dans les salons, comme elle était fière d'entendre murmurer autour d'elle : C'est son fiancé ! quel joli couple !

Enfin le moment de leur union approcha : un notaire discuta les intérêts en langage barbare, avant que la loi ne les rendît indissolubles, et que le ciel ne bénît leur union.

Tout prêt à consacrer ce grand acte qui dispose à jamais de notre vie, et qui est toujours celui qui fait reculer le plus de convictions, Louis comprit qu'il devait rompre définitivement les liens qui l'attachaient à Giovana. Il en prit la résolution ; mais en songeant aux douleurs dont il allait accabler la

victime de son inconstance, mille regrets poignants vinrent s'emparer de
lui. Il se rappelait les premiers temps de
cet amour qu'il croyait devoir durer
toujours; il se rappelait ses serments,
ces moments passés dans le Béarn,
moments si doux et qui s'étaient écou-
lés si vite. Il se reprochait amèrement
de s'être ainsi mépris sur ce qu'il éprouvait; et il gémissait, car cette femme
dont il était l'idole, cette femme à qui
il avait tout ravi, et à qui aussi il tenait lieu de tout, il venait lui dire: Je
ne vous aimais pas; je m'étais trompé;
il vous restait un seul bien, c'était
mon amour, il faut y renoncer. Maintenant j'aime, et j'aime véritablement;
j'aime à jamais, car cet amour est pris
au sérieux; mais c'est une autre que

vous ; une autre que vous portera mon nom ; une autre sera mon épouse. Louis n'en avait pas le courage, et il était accablé de chagrins et d'ennuis.

Enfin il crut avoir trouvé un moyen de tout accommoder : Je ne dirai point à Giovana que j'en aime une autre, pensa-t-il, mais, sous un prétexte plausible, je lui ferai regarder notre séparation comme momentanément nécessaire ; je lui donnerai pour retraite ma terre de Bourgogne ; et quand l'absence l'aura habituée peu à peu à une rupture éternelle, je lui apprendrai tout...

Et fier de son adroite idée, il avait remis à exécuter ce projet à quelques jours de celui où Georges Strick avait si bien pressenti ses intentions ; et l'on voit que les conseils et les consolations que notre philosophe se proposait de donner à Giovana ne pouvaient arriver plus à propos.

PROBLEME.

Femme, femme! créature décevante.

FIGARO.

Le plus sot des animaux, c'est l'homme.

UN PENSEUR.

IX

PROBLÈME.

Nous avons laissé Georges tête à tête
avec Giovana, et se disposant à l'é-
clairer sur sa position : mais cette
matière était trop délicate pour l'a-
border de front. Aussi, dans son dépit
d'être obligé de prendre un biais pour

exprimer sa pensée, il se prit à se déchaîner avec amertume contre le monde et ses travers. Ils étaient tous deux à la fenêtre, et Paris, déjà tout éclairé, faisait entendre au loin son bruit sourd comme le roulement des vagues : mille équipages se croisaient en tous sens, se rendant aux différents théâtres ou à des soirées : les femmes qui les occupaient, parées comme pour le bal, se penchaient coquettement hors de la portière, et montraient à l'envi leurs têtes scincillantes de diamants.

Vous voyez ces femmes, Giovana, disait Georges, et peut-être vous croyez, à les voir ainsi parées et souriantes, bercées dans d'élégantes voitures, qu'elles sont toutes les plus heureuses des créatures : eh bien ! c'est une erreur, toute cette joie qui brille sur leurs fronts, tout ce bonheur qu'on envie, tout cela est faux : ce bonheur s'éteindra, pour la plupart d'entre elles, avec le lustre et les bougies de l'Opéra, où elles courent sans doute. Si on les voyait de près, vous liriez sur leurs visages que chacun de leurs joyaux leur a coûté une larme ; si vous les suiviez dans leurs loges, vous verriez que chaque sourire qu'elles échangent avec les fats qui les compromettent fait tomber une fleur d'une couronne plus précieuse que leur couronne de diamants, leur réputation, et parmi ces femmes, Giovana, il en est peut-être..............

Il en était là et cherchait une transition

naturelle pour parvenir au but qu'il se proposait, lorsque l'arrivée de plusieurs personnes vint interrompre son discours, et mettre le comble à son humeur : il ne prit même pas la peine de dissimuler et sortit en saluant froidement Giovana et les nouveaux venus.

Nous l'avons dit, Georges était un étrange jeune homme. Quoique encore à la fleur de l'âge, il avait beaucoup lu, beaucoup vu, beaucoup observé; des amis l'avaient trompé bien souvent; bien souvent, son âme fière et généreuse, avait été froissée et incomprise, et alors, semblable à la sensitive qui se replie quand une main profane vient la toucher, elle dédaignait de se révéler au vulgaire, et se repliait en elle-même à la moindre supposition injuste, se souciant peu de laisser peser sur elle les soupçons les plus fâcheux.

Comme tous les jeunes gens de son âge, il avait eu des maîtresses et les avait aimées avec idolâtrie; pour elles, il aurait sacrifié fortune, avenir, existence même; et, comme ses prétendus amis, ses maîtresses l'avaient trompé à leur tour.

Ainsi froissé dans ses espérances les plus attrayantes, l'amitié et l'amour, ces deux fleurs qui embaument l'aurore de la vie, Georges avait commencé à jeter un regard de dédain sur notre pauvre nature qu'il avait prise en une pitié profonde. Il avait d'indicibles instants de rêverie; on le voyait parfois, et sans sujet apparent, gai, rieur, enjoué jusqu'à la folie; parfois aussi, triste, solitaire et versant d'abondantes larmes : il n'avait trouvé qu'égoïsme et ambition chez les hommes, coquetterie chez les femmes, vice hideux qui annonce la sécheresse et la viduité du cœur.

Georges était né bon et indulgent, mais les ruses, les duplicités, les turpitudes dont il avait été le témoin et parfois la victime, l'avaient rendu caustique et railleur : doué d'un jugement net et rapide, sa parole acerbe secondait merveilleusement sa pensée et exprimait avec dureté tout ce qu'il éprouvait.

Mais qui avait pu lui inspirer le puissant désir de sauver Giovana, et

pourquoi voulait-il déployer encore
tous les trésors de son âme pour cette
femme qu'il connaissait à peine. Etait-
ce l'amour?.....

Non, Georges était en garde contre
cette passion ; et d'ailleurs, Giovana
ne réunissait pas les qualités qui pouvaient séduire notre philosophe : la
beauté était le moindre des avantages
qu'il voulait dans la femme qu'il
devait aimer désormais. Cette femme
devait être belle certainement, mais
avant tout elle devait être douce,
pieuse, gaie, bienfaisante ; elle devait
avoir des talents, mais non poussés
à l'extrême. Il était l'ennemi déclaré
de ces femmes qui usent toute leur
jeunesse à rivaliser avec les artistes,
qu'elles ne suivent que de fort loin,

et dont tous les efforts malheureux ne réussissent qu'à les rendre ridicules et guindées ; elle devait aimer la parure ; mais pour lui plaire seulement ; surtout elle devait être pure, pure comme l'onde à sa source ou comme l'or sans alliage : des lèvres qui souriaient à d'autres que lui perdaient aussitôt à ses yeux leur charme et leur fraîcheur. Il voulait jouir du parfum de la fleur sans qu'elle le répandît autour d'elle.

Peut-être dira-t-on que Georges l'ennemi des illusions, poursuivait une chimère : mais si c'est malheureusement une illusion, certes, celle-là est belle, et surtout bien naturelle, et on ne peut qu'approuver et plaindre celui qui rêve ainsi ; car c'est une noble erreur.

Le mariage, tel que l'a fait notre civilisation, le veut ainsi, l'intérêt guide seul les hommes, et lorsqu'une femme est au plus offrant, l'adultère est bientôt dans son cœur, elle fait bon marché de sa dignité parce qu'elle recherche, loin de son mari, des plaisirs qu'il ne peut lui procurer, et qu'elle donne tête baissée dans les piéges qui lui sont tendus, et qu'elle feint souvent de ne point apercevoir.

Et puis, mon Dieu, la transition est si naturelle, la pente si douce, qu'elles ne s'aperçoivent pas, insensées, que l'abîme est tout prêt.

D'abord c'est un sourire échangé dans un bal ; ensuite une pression de main ; puis une fleur qu'on se laisse dérober ; tout cela paraît sans conséquence, mais bientôt l'imagination s'exalte, la familiarité s'établit, et si cela s'est passé entre des femmes du monde et des hommes de vingt-cinq ans, leur expérience les sert, et tout est dit.

Les musulmans ont compris la femme bien mieux que nous : pendant la vie, elle est leur luxe, leur consolation, le trésor dont ils sont jaloux : ils la baignent, ils la parfument, ils la parent, et tout cela pour eux seuls : elle n'a qu'une occupation, la toilette, qu'un but, celui de plaire. Après la mort, la femme, c'est la récompense qui attend l'homme de bien ; ils la divinisent, et leur paradis est un vaste harem où de célestes houris viennent faire de la mort une éternité de bonheur.

Georges n'était pas musulman ; mais il avait au sujet des femmes toutes les susceptibilités, toute la délicatesse d'un sectateur dè Mahomet.

Aussi Giovana entourée d'hommages et d'adorations, Giovana appartenant à un autre, ne pouvait lui inspirer d'amour. C'était donc tout simplement de l'amitié qu'il éprouvait pour elle, une amitié sincère, reflet de son attachement pour Louis, née de la compassion que lui avaient fait concevoir la jeunesse et la position de Giovana.

Cependant quand il la quitta, la laissant à la société qui était venue interrompre si mal à propos son tête-à-tête avec elle, un doute étrange s'empara de l'esprit de Georges, et il se demandait s'il n'était pas bien fou de chercher à apporter des consolations à une âme qui n'en avait peut'être pas besoin, ou qui en trouverait bientôt dans un second amour. Son heureuse pénétration semblait l'abandonner dans cette circonstance : le cœur de la femme est quelque chose de si subtil, de si insaisissable qu'il échappe aisément à l'analyse ; aussi Georges hésitait ...il se trouvait dans la position de cet homme qui voyant un de ses semblables se noyer, et n'ayant qu'à lui tendre sa rame pour le sauver, se demande d'abord si cet homme est digne de la vie qu'il va lui conserver, et s'il ne lui rendrait pas un plus grand service en le laissant périr.

Ce problème le tourmenta quelques instants, mais ne sachant comment le résoudre, il prit le parti de n'y plus songer et de laisser au temps le soin de sa solution.

Et puis il était arrivé chez lui...

SCÈNE INTIME.

Mais c'est que je suis une femme perdue.

Antony (acte 5).

Il le faut... séparons-nous !...

Roman inédit.

X

SCÈNE INTIME.

Et cependant la pitié, son devoir de
galant homme, et surtout la bonté de
son cœur auraient fini par décider
Georges à parler; le péril était immi-
nent, et certes, il n'aurait pas laissé

la pauvre jeune fille faire un pas de plus dans le bonheur, un seul pas qui pouvait rendre toute séparation impossible....

Mais comment l'avertira-t-il! comment réveillera-t-il cette pauvre enfant endormie sur le bord du précipice?

Et comment enfin adoucira-t-il sa chute?

Lui tout dire... de suite... sans préparation... ce serait la tuer ou la rendre folle!

Lui annoncer doucement et avec lenteur... ce serait torturer sa victime, lui faire souffrir mille angoisses pour en arriver peut-être au même résultat, car l'amour de Giovana, c'était sa vie, c'était tout pour elle, et en perdant cet amour, peu lui importait le reste....

C'est pourquoi Georges balançait!...

Mais toutes ces indécisions d'honnête homme devaient échouer devant l'impertinence d'un fat qui, substituant son intérêt personnel, à celui d'une malheureuse jeune fille, avait tranché les difficultés et franchement abordé le question.

Ce fat... C'était Eugène de Bresy.

Depuis longtemps amoureux de Giovana, Eugène de Bresy jugea le moment favorable : il pensa qu'elle ne devait pas être plus scrupuleuse que les quelques femmes qu'il avait séduites, et qu'elle pourrait s'habituer au changement de maître comme le chien que l'on vend et que l'on achète. D'ailleurs c'était une suite de ses principes.

Il annonça donc à Giovana que

Louis se mariant très-prochainement ,
elle se trouvait naturellement libre de
ses affections, et que, pour son compte,
il s'estimait heureux de pouvoir dépo-
ser à ses pieds son hôtel, sa fortune
et son cœur....

Il pouvait continuer ses impertinen-
ces, Giovana ne l'entendait plus; elle
resta muette de surprise, et lorsqu'elle
fut revenue à elle, sans songer à s'em-
porter contre le fat qui, d'un seul mot,
avait détruit ses illusions pour un moment, car elle ne pouvait croire que
ce qu'elle venait d'entendre fût vrai,
elle sonna. Reconduisez M. de Bresy ,
dit-elle à sa femme de chambre.... Et
il sortit.

Pauvre Giovana ! elle avait cru oublier l'effet en éloignant la cause ;

mais le trait avait porté, et Louis seul pouvait éclaircir ses doutes.

Mais que fera-t-elle?

Attendra-t-elle une explication, ou ira-t-elle au-devant du coup qui doit la tuer? car elle ne doutait pas un instant qu'elle pût survivre à l'infidélité de celui pour qui elle avait tout abandonné.

Que faire?..... Que résoudre?

Maintenant que le doute s'était glissé dans son cœur, elle craignait de l'interroger; car la froideur, les préoccupations, les absences de Louis, tout semblait s'expliquer; elle se disait bien que Louis était incapable de la tromper, que M. de Bresy avait pris ce moyen pour éprouver son amour, chercher à l'ébranler, et que c'était folie d'attacher tant d'importance aux propos d'un fat qui lui faisait la cour comme il la faisait à toutes les autres femmes, par désœuvrement et par ton.

Mais elle allait connaître son sort ; Louis était entré au moment, où plongée dans ses pensées, elle cherchait un moyen d'arriver à la vérité.

Lui aussi était pensif et sombre ; lui aussi cherchait un moyen de tout terminer, et c'était ce matin-là même qu'il avait choisi pour instruire Giovana du sort qui lui était réservé.

Le déjeuner était servi : ils s'assirent d'un commun accord, incertains de ce qu'ils allaient se dire, mais sachant bien qu'une même pensée les réunissait, qu'un grand drame allait se dénouer, et qu'il y allait pour eux de l'existence.

Qui rompra le premier le silence ? Giovana craignait de parler, Louis ne l'osait, et ils restèrent ainsi long-temps à tremper dans leur tasse de thé, le bout d'une tartine beurrée.

Cet état devait pourtant finir, et lorsque le pain trempé incessamment et entièrement amolli fut enfin tombé au fond de la tasse, Giovana comprit alors qu'elle n'avait plus d'excuse pour rester silencieuse, et, prenant un parti violent, elle leva les yeux sur Louis :

— Vous allez me trouver bien ca-pricieuse, mon ami, mais Paris ne me plaît plus : tous ces plaisirs que je désirais avec tant d'ardeur me sont à charge maintenant ; et puis elle ajouta plus bas : retournons dans le Béarn, mon ami ; si tu savais combien je préfère la douce solitude des champs ; ces jours entiers passés dans l'oisiveté, et pourtant si remplis, ces molles nuits d'été où nous errions tous deux en rêvant sur les bords de la Nive, combien je préfère tout cela à ces plaisirs de Paris que j'ai appris à connaître, et qui ne satisfont pas l'âme en fatiguant le corps.

Et puis, encouragée par le silence de Louis, elle s'approcha peu à peu, et, le regardant d'un de ces divins regards qui jadis avaient été si puissants sur son cœur, elle lui dit à demi voix :

— Retournons dans le Béarn, Louis, dans le Béarn ou ailleurs, pourvu que ce soit bien loin, bien loin d'ici : il me semble que nous pourrons mieux nous aimer, puisque nous serons plus isolés.

Elle attendit un moment l'effet de ses paroles, enfin Louis se dégageant doucement des étreintes de Giovana, lui répondit avec calme :

— Je crois comme toi que Paris ne peut te convenir : tu as désiré le connaître, j'y ai consenti, mais puisque toi-même en as reconnu le danger, je ne chercherai point à te détourner d'une résolution que j'approuve, et même que j'encourage. Je possède en Bourgogne une terre isolée, elle est à toi; dès aujourd'hui tu peux l'habiter, mais mon rang, ma position dans le monde,... tout me fait un devoir de rester,... et voyant un mouvement de Giovana, il ajouta vivement : mais j'irai, j'irai souvent, le plus souvent possible, et sois sûre que ma protection, mon.... amitié ne te manqueront jamais.

— Votre protection, votre amitié... mais c'est une séparation que vous me proposez?... Ah ! Louis, était-ce là ce que vous m'aviez promis?... Vous ne m'aimez plus.

Elle tomba sur un sopha. Un instant Louis fut effrayé de l'état où il avait réduit la malheureuse enfant, mais il était trop avancé pour reculer ; d'ailleurs, le coup était porté, il sonna donc, remit Giovana aux soins de sa femme de chambre, et sortit précipitamment.

Peu à peu elle revint à elle et

a l'affreux souvenir de cette scène, puis, jetant un regard autour d'elle, et n'y voyant plus Louis, elle comprit que tout était fini.

Bientôt sa tête s'exalta ; toute sa vie passa rapidement devant ses yeux et des idées de mort vinrent l'assaillir : alors elle pensa à Georges si bon, si loyal, si franc ; elle se rappela cette conversation qui avait été interrompue avant que de commencer, le jour où il avait dîné chez elle, et puis elle se prit à désirer de le revoir ; pauvre Giovana, elle voulait une consolation, lorsque tout à coup on sonna.... Elle se précipita vers la porte, et la femme de chambre annonça.....

M. Henrique Almodovar.

HENRIQUE.

C'était un brave et loyal hidalgo.

Le Sage (Gil Blas).

Où est l'homme çà-bas, s'il n'est bien misérable
Et lourd d'entendement, qui ne veuille être hors
De l'humaine prison de ce terrestre corps.

Ronsard.

XI

HENRIQUE.

Et c'était bien Henrique!...

Henrique Amoldovar avait quitté Salamanque, comme sa lettre l'avait annoncé; il s'était entendu avec un muletier qui retournait à Madrid, et, voyageur comme Gil-Blas, il s'enivrait comme lui d'illusions et d'espoir.

Le ciel était bleu, l'air embaumé, et Henrique rêvait, mollement bercé par les sonnettes argentines de sa monture. Il ne pouvait s'empêcher cependant de donner un soupir à sa douce vie de jeune homme, à ses joyeux compagnons d'étude et de plaisir, à sa belle hôtesse qu'il se figurait inconsolable et qui l'avait déjà oublié. Le bon jeune homme :

« Adieu, mes gais amis, disait-il adieu, ma jolie chambre sur la rivière, adieu les douces causeries sous la fenêtre, les longs baisers le soir, les folles nuits d'orgie, adieu les tendres rêveries, légères comme la fumée fantastique de mon cigarito, adieu tout cela !... je vais me marier. »

Puis, à cette idée de mariage, il se

prenait à sourire : il se rappelait sa cousine si jeunette encore, mais déjà si jolie lorsqu'il l'avait quittée. Il se la représentait douce, bonne, aimante, comme elle promettait de l'être, et cette image adoucissant peu à peu ses regrets : « Nous serons heureux près de mon père, disait-il encore ; nous embellirons ses vieux jours, il se verra renaître dans ses enfants qui seront beaux comme leur mère, et qu'il bercera sur ses genoux tremblants comme il a bercé leur mère ; et nous, Giovana et moi, nous sourirons à ces naïves et délicieuses caresses, et nous nous aimerons davantage. »

Et il cheminait toujours, se laissant aller à ces douces pensées, sans être distrait par les accidents pittoresques de la route et les chants monotones du muletier.

Va , va toujours , bon jeune homme, les rêves abrègent le chemin ; ce sont les fleurs que Dieu sème sur la route pour en adoucir l'aspect âpre et sauvage : c'est l'eau pure que sa main bienfaisante fait jaillir dans les oasis du désert. Oh ! rêve , car être jeune, se laisser aller aux illusions , voilà le bonheur.

Enfin on approcha de Madrid : déjà ses nombreux clochers se découpent moins vagues et moins indécis aux yeux du jeune voyageur : déjà, un bruit confus et lointain frappe son oreille ; c'est le murmure inséparable d'une grande cité. Comme son cœur battit à la vue de ces plaines embaumées qu'il avait tant parcourues, de ces buissons fleuris où, tout enfant, il venait courre le papillon!

Quelle douce émotion quand il entra dans la ville, dans sa ville natale! et comme les larmes lui vinrent aux yeux, lorsque, sur la Piaza mayor, il retrouva encore le nom qu'il avait gravé avec son couteau sur la pierre d'un banc témoin de ses jeux!

Il passa sans être reconnu auprès de plusieurs compagnons de sa jeunesse, tant cinq années d'absence l'avaient fait grand et fort, le beau jeune homme!

Enfin il aperçoit la maison paternelle: il voit les hauts arbres du jardin dont le feuillage agité semble frémir et murmurer de plaisir à son approche.

Il voit ce toit sous lequel il a reçu la vie, passé tant de jours heureux, reçu tant de douces caresses, tant de tendres reproches, tant de baisers..... puis il frappe, et le court instant qu'on met à lui ouvrir lui paraît un siècle, avide qu'il est d'embrasser son père et de revoir Giovana, Giovana, sa jolie cousine et bientôt sa femme.

Un domestique inconnu lui ouvre la porte. Il ne l'entend pas lui demander qui il est et ce qu'il veut ; il ne l'écoute même pas, il se précipite dans des pièces qu'il est étonné de trouver désertes, et il pénètre enfin dans la chambre de son père.

Hélas! qui pourrait peindre son étonnement et son désespoir? Il voit son père, mais son père expirant, son père

qu'un prêtre encourageait à la mort,
et qui, lorsque son fils entra, put retrouver comme par enchantement assez de
forces pour lui tendre une main dé-
faillante qu'Henrique, s'agenouillant
aussitôt, couvrit de baisers et de larmes,
son père dont la voix éteinte put encore lui murmurer dans un baiser :
« Pardonne comme j'ai pardonné. »

Henrique apprit alors et l'amour in-
sensé de Giovana pour un étranger, et
sa fuite qui avait causé l'état du seigneur Almodovar. A ce triste récit qui
enlevait à ce malheureux jeune homme
toutes ses espérances de bonheur, qui
venait si cruellement interrompre un
songe à peine commencé, il ne put
s'empêcher de douter un instant de
Dieu, il serrait ses poings avec rage,

il roulait dans son esprit mille projets de vengeance qu'il oubliait bientôt près du lit de son père, pauvre vieillard si résigné, qui rendit les derniers soupirs dans ses bras, sans maudire celle qui causait sa mort.

Un morne abattement s'empara aussitôt d'Henrique. Il restait enfermé des journées entières ne mangeant pas, ne pleurant pas, ne recevant personne. Absorbé dans de douloureuses pensées, il songeait à la perte qu'il avait faite, à ses espérances déçues, à son nom outragé. Il voyait sans cesse son père mourant, sa cousine déshonorée... la vie lui était à charge, et il ne la supportait que parce qu'il trouvait faible et lâche d'y mettre un terme.

Cependant le temps vint lui apporter

son remède habituel ; il cicatrisa peu à peu les plaies de son âme, et Henrique parvint d'abord à faire taire les désirs de vengeance qui fermentaient en lui : « Pardonne comme j'ai pardonné, » lui avait dit son père. Ces mots étaient restés gravés dans son cœur blessé et flétri. C'était un ordre d'autant plus sacré qu'il avait été donné au lit de la mort. Il pardonna donc à Giovana : mais, né avec cette disposition organique qui donne aux passions tant de prise sur nous, Henrique possédait aussi cette candeur qui dirige leur élan vers le bien. Aussi ne crut-il pas encore avoir assez fait en pardonnant à sa cousine.

« Il faut qu'elle épouse son ravisseur, dit-il ; à cette condition, la

moitié de ma fortune lui appartient,
mon amitié lui est rendue, et je ferai
pour elle tout ce qu'aurait fait mon
père. Puisse ce bienfait faire naître le
repentir dans son cœur et lui montrer
tout ce qu'elle a perdu ! »

Ce projet une fois conçu, Henrique
ne songea plus qu'à l'exécuter. Il met
ordre à ses affaires, confie sa maison
à la vieille Théodora et part pour Lis-
bonne. A peine arrivé, il apprend qu'un
bâtiment marchand en charge pour le
Hâvre met à la voile le jour même ; il
s'embarque aussitôt, et, après une
courte et heureuse traversée, il aborde
au Hâvre : du Hâvre à Paris il n'y a
pas loin, Henrique y fut en vingt-qua-
tre heures.

Pendant quelque temps, tous ses

soins furent inutiles pour retrouver sa cousine. Enfin le hasard le mit sur ses traces, et dès lors il ne la perdit pas de vue. Avec le secours de la femme de chambre qu'il sut gagner, il fut au courant de tout ce qui se passait dans l'intérieur des deux amants. C'est lui qui avait fait valser Giovana au bal de l'Opéra ; c'est encore lui qu'elle avait vu à l'église de l'Assomption. Le changement survenu dans la taille, dans l'air et le visage de son cousin, n'avait pas permis à la jeune Espagnole de le reconnaître positivement ; mais quand elle entendit prononcer son nom, et qu'elle vit entrer ce jeune homme dont les traits mélancoliques étaient restés gravés dans sa mémoire depuis le mercredi des cendres, un sentiment de

terreur s'empara d'elle, et elle resta stu-
péfaite. Car elle l'avait reconnu ,
c'était bien Henrique; et d'ailleurs n'a-
vait-elle pas appelé à grands cris un
consolateur?

ENTRE JEUNES GENS.

Le vin dans le cristal découlait à plein bord,
La truffe s'exhalait en une odeur exquise,
Et les yeux, et le nez, tout vous eût dit d'abord
Ce sont gens de théâtre ou ce sont gens d'église.

CAMILLE DOUCET.

Pas n'est besoin, je crois, de dire que l'idée
De la *femme* planait, reine dévergondée,
Sur les mille fureurs de ces embrasements;
Qu'elle était, en un mot, son premier élément.

PHILOTHÉE O'NEDDY. (Feu et flammes.)

XII

ENTRE JEUNES GENS.

Que Paris est grand et vide, mon Dieu ! quand seul, préoccupé, on marche à travers ses rues populeuses, sans rencontrer un visage ami, sans entendre une voix qui vous appelle ! Vous allez, vous allez, et vous ne voyez rien ; ou si vous voyez, il semble qu'un crêpe couvre tout ce qui vous environne et le colore d'une teinte sombre.

Louis avait quitté Giovana la tête brûlante et le remords au cœur. Il suivait le boulevard rêvant à ce qui venait de se passer, se reprochant son crime et ne pouvant l'oublier, lorsque le souvenir de Mathilde vint jeter un peu de calme dans son âme. Il courut chez madame Danville; elle était sortie avec sa fille, et Louis, qui pensait trouver près d'elles un refuge contre les cris de sa conscience, fut contraint de renoncer à cet espoir.

Il entra dans un cabinet de lecture et voulut lire; lire! quand on a tout un livre dans la tête, tout un drame dans le cœur. Cela lui fut impossible.

Enfin, ne sachant comment se dérober à lui-même, il sortit. Le jour
commençait à baisser, et déjà le gaz
inondait de lumière les brillants cafés
du boulevard. Les théâtres ouvraient
leurs portes à la foule empressée. Les
voitures sillonnaient la pavé ; et Louis
marchait triste et rêveur au milieu de
tout ce tumulte, de toute cette joie,
de tout ce mouvement, quand un cri
lui échappa, un cri de joie : Il était en
face de Frédéric Renaud.

Enfin, il n'était plus seul, il pouvait parler et parler avec certitude
d'être écouté, compris, consolé, enfin il trouvait un ami, et il ne portait
plus que la moitié de ses peines, ou plutôt elles étaient déjà oubliées.

Au centre de Paris, dans le quartier le plus sale et le plus populeux de la capitale, s'élève au milieu de la boue et des écailles d'huître, un temple que la dévotion des gastronomes entretient à grands frais.

Tout le monde connaît le rocher de Cancale, cette vieille gloire de la cuisine française, dont les vins exquis ont inspiré tant de couplets gais et heureux, tant de bons mots, tant de joyeux refrains ; vins délicats qui ont délecté des générations d'hommes d'esprit et de fins gourmets, et qui n'ont été prostitués qu'une fois, hélas! le jour où l'étranger vainqueur les avalait, mais ne les buvait pas.

C'est là, c'est au rocher de Cancale que Frédéric Renaud conduisit Louis de Montmont. Vingt convives les at-

tendaient dans un somptueux salon,
et leur arrivée fut accueillie par un
vivat général. La table se chargea de
mets succulents, et le repas com-
mença.

Toute la société semblait représen-
tée dans ces vingt convives. Médecins,
banquiers, militaires, avocats, au-
teurs, buvaient, mangeaient, parlaient
à l'envi. La politique et la littérature
firent d'abord les frais de la conversation, mais insensiblement les sujets
se multiplièrent. On parla bourse,
courses de chevaux, spéculations,
femmes enfin, et l'on buvait toujours,
et les vins se succédaient à chaque instant.

— Cent louis pour Fra-Diavolo,
disait une voix.

—Je lui ai renvoyé ses lettres et son portrait, s'exclamait une autre.

— Du Bordeaux, garçon!

— La pièce est détestable, mais les acteurs!....

— J'ai gagné son procès.

— Ah! ah! ah! Julia, Julia vertueuse, ah! ah!...

— Mais....

— Allons donc.

— On dit qu'il sera ministre.

— Les fonds ont baissé.

— Ma maîtresse contre ton alezan, veux-tu?

—Oui, et mille louis de retour, par exemple!

— Garçon? de l'air....

On étouffait en vérité. Les exhalaisons des mets, le vin, l'éclat des bou-

gies, la fumée des cigarres et le bruit
avaient troublé toutes les têtes. Ici
on entendait des paroles de provoca-
tion ; là des éclats de rire ; ailleurs,
on échangeait des offres de service ;
on se connaissait depuis une heure
et on se faisait des protestations d'a-
mitié. On se confiait ses idées, ses
projets, ses amours, le vin rend si
expansif.

L'ivresse se manifestait différem-
ment chez chacun des convives. L'un
chantait à gorge déployée ; un autre
pleurait dans un coin ; on en voyait
qui se livraient à des dissertations phi-
losophiques sur le néant des choses
humaines ; plusieurs dormaient ; quelques-uns s'amusaient à briser ce qui
restait de porcelaine ; d'autres deman-

daient des cartes, d'autres des femmes, tous du vin.

Louis, entraîné tout à coup dans cette atmosphère de vin, de joie et de fumée, n'avait pas tardé à partager l'ivresse de ses compagnons. Il oublia tout, et ses torts envers une malheureuse fille qu'il avait séduite, et son amour pour la douce et pure Mathilde. Il riait, il dansait autour de la table, il fut heureux toute la nuit, et quand, un peu avant le jour, il se mit au lit, il s'endormit bercé par les visions les plus agréables.

LE DUEL.

La diète et le silence.
          (*Ordonnance du médecin.*)

Insulter une femme est tout votre courage.
                    Marino-Faliero.

Il me faut un duel... un duel à mort.
               (*Roman inédit.*)

XIII

LE DUEL.

Le lendemain, un jeune homme se présentait chez Louis de Montmont qui reposait encore. Ce jeune homme c'était Henrique. Leur conversation ne fut pas longue, car ce n'était qu'un oui ou un non qu'il venait solliciter.

— Vous connaissez Giovana ?

— Oui.

— Vous l'aimez ?

— Pourquoi cette question !

— Je vous demande si vous l'aimez ?

— Oui, mais pourquoi ?

— Vous allez l'épouser ?

— L'épouser…. Giovana ?

—Ou vous battre avec moi.

— Mais, d'où vient….

—Ou vous n'êtes qu'un lâche.

— Je ne sais qui vous donne le droit de parler ainsi, mais vous venez faire un appel à mon honneur, à mon courage, et j'accepte avec plaisir : je veux d'abord vous punir, puis après nous nous expliquerons.

Et ils étaient partis…..

Une voiture attendait en bas qui les

conduisit à Vincennes. Georges Strick et Frédéric Renaud les accompagnaient : ils ne cherchèrent point à arranger l'affaire ; ils savaient d'avance que toute tentative à cet effet était inutile. Le trajet s'opéra dans le plus profond silence ; chacun se recueillait.

Louis pensait à Mathilde : il pensait à l'avenir qu'il voyait si beau : il se rappelait ses affections, ses plaisirs, ses joies de la veille, et il soupirait, mais il ne tremblait pas.

Henrique, lui, pensait à Giovana, il la voyait pâle, repentante et résignée ; il la voyait belle de jeunesse et de douleur, et son âme s'irritait de nouveau en présence de cet homme qui lui avait ravi Giovana et qui la délaissait.

Enfin on arriva. Louis qui avait le

choix des armes avait opté pour le pistolet. Les témoins mesurèrent vingt-cinq pas , chargèrent les armes , et le sort favorisant encore Louis de Montmont, il tira le premier. Henrique tomba à genoux : la balle venait de lui traverser le côté.

Il passa la main sur ses yeux , respira une seconde et, ajustant à son tour son adversaire, il eut la satisfaction de le voir tomber mort, frappé au cœur. Puis il perdit connaissance. . . .

. . . .

Quand il r'ouvrit les yeux et qu'il les porta incertains autour de lui, il aperçut, à la faible clarté qui pénétrait dans l'appartement, une femme dans l'attitude du désespoir , qui semblait épier avec anxiété son retour à la vie :

une autre au pied de son lit, en costume de religieuse, paraissait prier avec ferveur ; et un jeune homme assis, la figure cachée dans ses deux mains....

La première de ces femmes était Giovana, Giovana qui, depuis six semaines, n'avait pris aucun repos et n'avait pas quitté le chevet d'Henrique. L'autre femme était une de ces douces et admirables créatures qui se consacrent dans l'âge des plaisirs au soulagement des malades : c'était une sœur de charité.

Le jeune homme c'était Georges Strick.

— Ses yeux sont ouverts, s'écria Giovana !

— Mon Dieu, ne décevez pas ce faible espoir, dit la sœur.

Henrique voulut parler.

— Vos médecins, lui dit Georges qui s'aperçut de son intention, ont expressément défendu qu'on vous laissât parler quand vous reviendriez à vous.

Le malade se soumit.

Quelques jours s'écoulèrent encore, et l'état d'Henrique s'améliora sensiblement : ses idées étaient encore sans suite, mais d'une netteté rassurante. il pouvait juger des soins, des inquiétudes dont il était l'objet. A chaque visite du docteur, il voyait Giovana, debout au pied de son lit, retenant son haleine, les yeux constamment fixés sur ceux de l'homme de l'art et y cherchant l'espérance. Puis, nuit et jour, elle était là, toujours près de lui, disputant à la bonne sœur de charité le droit de le servir.

Oh ! s'il est des instants dans la vie,

où le visage d'une femme ressemble à celui d'un ange, des instants où il se dépouille de tout ce qu'il a de terrestre, certes, c'est lorsque ce visage se penche pâle et consolant sur le nôtre pour épier dans nos yeux nos souffrances et nos désirs.

Mille pensées traversaient l'esprit d'Henrique, mais il ne pouvait les communiquer : bientôt pourtant il se trouva assez de forces pour parler et, de son autorité privée, il rompit le silence ordonné par le médecin. Il y a beaucoup d'analogie entre les médecins et les confesseurs : tout-puissants sous la faux de la mort, il perdent de leur autorité à mesure qu'elle s'éloigne,

Le premier usage qu'il fit de la parole fut d'ordonner à Giovana de prendre quelque repos : il accompagna cet ordre des expressions les plus tendres : il témoigna aussi sa reconnaissance à la sœur et il la pria d'accepter un petit crucifix d'or qu'il portait sur sa poitrine.

Enfin Henrique put se lever : il marcha dans sa chambre appuyé sur Giovana. Dès lors il ne songea plus qu'à dévoiler les pensées qui l'avaient agité pendant sa maladie.

MARIAGE.

XIV

MARIAGE.

Henrique n'était plus cet insouciant
jeune homme de l'université de Salamanque, la terreur des alguasils et des
maris jaloux : bien du changement s'é-

tait opéré en lui depuis un an. D'abord il s'était vu ravir sa fiancée, et son père était mort de chagrin dans ses bras; ensuite il avait souffert tous les tourments de la vengeance non satisfaite, jusqu'au moment où, dans une loyale rencontre, il avait tué l'auteur de tous ses maux; puis enfin, pour mettre le comble à ses peines, cette Giovana, cette femme, cause première de tant de malheurs, il l'aimait, et l'amour et la reconnaissance l'attachaient à elle.

Et c'était là ce qu'il voulait révéler, car, pendant ses longs jours de souffrance, il avait formé le projet de rendre à Giovana ce qu'elle avait perdu : l'honneur et un rang dans le monde.

Il ouvrit son cœur à Georges, qui

approuva son projet : il ne s'agissait plus que de convaincre Giovana, et c'était là le plus difficile.

Un soir que Georges les avait quittés plus tôt que de coutume, Henrique prit sur lui d'aborder ce sujet délicat. Il posa un livre, qu'il feuilletait machinalement, et parla, pour la première fois, de son père. Il raconta ses derniers moments et le pardon qu'il avait prononcé ; et Giovana l'écoutait en sanglotant ; puis Henrique l'attirant près de lui : il vous a pardonné, Giovana, lui dit-il, mais croyez-vous que, du haut des cieux où il nous contemple, il ne verrait pas avec joie ses enfants réaliser le projet d'union qu'il avait formé?

Giovana crut rêver, et, dans son

étonnement, elle garda quelques instants le silence.

—Oh! grâce, murmura-t-elle enfin,
grâce, n'augmentez pas ma honte,
Henrique. Je suis indigne de vous, je
le sais, mais je suis bien punie, et il est
inutile de m'accabler de votre ironie.

— Moi, vous insulter, Giovana !
moi, quand je vous dois une vie que
je veux vous consacrer! ah! ne vous
méprenez pas ainsi sur le sens de mes
paroles : je demande votre main, et...
— Mais c'est impossible, reprit vivement Giovana, une erreur trop grave
a passé dans ma vie. Je ne suis pas la
femme qu'il vous faut, Henrique, la
femme que votre âme généreuse a rê-
vée ; est-ce moi, dont le cœur s'est usé
aux passions, qui pourrais réaliser vos

espérances de jeune homme. J'ai aimé
un autre que vous, cet autre la mort
l'a rendu muet ; mais vos souvenirs
parleront, et il ne vous restera plus que
regrets et dégoût.

— Qu'importe, dit Henrique, j'ai
tout oublié ; le seul souvenir qui me
reste est celui de vos soins, de vos
alarmes, lorsque mes jours étaient en
danger, et... de votre repentir.

—Mon repentir ! mais je n'ai rien
expié encore. Oh ! non, une union
entre nous est impossible, Henrique.
Vous méritez une femme belle, pure,
et moi je n'ai plus rien de tout cela,
voyez, ma beauté s'est flétrie, j'en
ensevelirai les restes au fond d'un cloî-
tre : le couvent, voilà mon seul, mon
dernier asile.

Le visage d'Henrique prit une indicible expression de tristesse : une pensée cruelle venait de traverser son esprit : Elle aime encore Louis, son amour l'a suivi dans la tombe, se dit-il; mais il ne se crut pas pour cela dispensé d'accomplir l'œuvre de dévouement qu'il avait commencée.

— Vous serez ma femme, Giovana, dit-il en se levant; mon pardon, mon amitié sont à ce prix.

Et il se retira dans son appartement.

Giovana, restée reule, passa la nuit en proie au plus profond chagrin. Résistera-t-elle à Henrique, qui a déjà tant fait pour elle? résistera-t-elle à son cœur, car maintenant elle aime Henrique, et c'est là sa punition? Oui, elle résistera; l'honneur d'Henrique, sa dignité à elle, tout lui fait une loi de refuser son sacrifice qu'elle ne peut attribuer qu'à sa générosité, à la pitié peut-être... Oh! ce mariage ne se fera pas.

Cependant... son amitié, son pardon sont à ce prix. Refusera-t-elle l'un et l'autre?

Le jour parut, et son incertitude durait encore. Georges vint dans la matinée, et Henrique, profitant de sa présence, reprit le sujet de la veille; il mit tant de feu dans ses prières, Georges se joignit à lui d'une manière si persuasive, que Giovana, vaincue, se rendit à leurs instances. Vous le voulez tous deux, leur dit-elle, je cède, je consens, puissiez-vous ne pas vous en repentir, Henrique!

Georges fut chargé de tout disposer pour que le mariage eût lieu le plus promptement possible : il y mit tout le zèle de l'amitié, et ce jour si redouté de Giovana arriva enfin. Georges et les témoins indispensables étaient seuls présents à la cérémonie. On satisfit à la loi, et l'on se rendit à l'égiise : le prêtre était à l'autel. Le recueillement de Giovana ressemblait au dévouement d'une victime. Le célébrant prononça l'auguste formule, et Henrique et Giovana sortirent unis à jamais.

Le dîner fut court et silencieux. Une appréhension pénible se lisait sur le pâle visage de Giovana; enfin elle se trouva seule avec Henrique : elle allait se jeter à ses pieds, lui demander grâce... mais le jeune Espagnol la retint, et l'embrassant au front :

— Ma sœur, lui dit-il avec mélancolie, voici votre appartement.... et voici le mien , ajouta-t-il en se dirigeant vers sa chambre.

L'émotion de Giovana était si vive, qu'elle ne trouva pas d'expression pour manifester sa reconnaissance. Seulement quand Henrique , arrivé à la porte, se retourna pour la voir encore : elle eut assez de force pour lui dire, en lui tendant les bras : Bonsoir, mon frère ! ! !

MARCOUSSIS.

XV

MARGOUSSIS.

Non loin d'Arpajon, et presqu'au
pied de la tour de Montlhéry, se ca-
che, au milieu des bois qui lui servent
de couronne et de ceinture en même
temps, un joli village propre et silencieux.

Je ne vous parle pas de Montlhéry. Qui ne sait que Montlhéry avait titre de comté, prévôté et châtellenie; que Thibaut File-Étoupe, se rattachant aux Montmorency par alliance, y fit bâtir un magnifique château vers l'an 1015; qu'il s'y donna une grande bataille le mardi 16 juillet de l an 1465, entre le roi Louis XI et Charles de France, son frère, duc de Berry, que les ducs de Bretagne et divers autres seigneurs avaient suivi, sous prétexte du bien public; qui ne sait tout cela? Hélas! Montlhéry n'est plus une prévôté, mais une simple commune, avec maire et adjoint; le château est détruit, sans qu'il en reste une pierre pour en attes- ter la place; et la bataille a été si bien et tant de fois décrite, que je me dis-

pense de vous en parler plus longue-
ment, vous renvoyant, pour les détails,
à Philippe de Commines, qui en a fait
une belle et longue narration.

Je ne vous parle pas non plus de
Linas, cloaque hideux et infect, qui
traîne ses pieds dans la boue, et n'a
pas un souvenir qui parle pour lui.

Mais vous avez déjà deviné Marcoussis, ce petit village qui, touchant
presque à Montlhéry, s'est nécessaire-
ment ressenti de ses désastres, comme
il était un reflet de sa grandeur passée.

Peu de villages des environs de Paris, en effet, n'est si plein de souvenirs que Marcoussis.

Combien de fois, dans mon enfance,
ai-je gravi les hauteurs qui le domi-
nent, parcouru les sentiers ombreux

de sa forêt, sans penser aux anciens hôtes qui, comme moi, et bien avant moi, avaient battu les chemins qui la sillonnent, en remplissant la contrée de leurs noms, de leur gloire ou de leurs malheurs! car il y a de tout à Marcoussis, et ce serait une belle et longue histoire à vous conter, je vous assure.

Mais alors, peu m'importait le passé; et ce qui m'attirait avec mes jeunes compagnons, tous insouciants comme moi, c'était un vague désir d'air et de liberté, c'était le ramier aux plumes d'azur, la fleur qui pend au flanc du rocher, et le lait et le pain bis de la bonne femme, pauvre vieille qui nous ouvrait sa cabane, quand l'éclair venait arrêter nos pas, et susprendre le sourire sur nos lèvres entr'ouvertes.

Voilà ce qui me conduisait à Marcoussis; mais depuis, je l'ai de nouveau visité, et ce qui m'y conduisit cette fois, ce ne fut, je l'avoue à ma honte, ni le besoin de revoir ces lieux témoins de mes premiers jeux, ni le désir d'interroger encore l'écho qui avait si souvent répondu à ma voix : j'étais sous l'empire d'autres idées ; mon esprit se reportait plusieurs siècles en arrière, et, évoquant les souvenirs du passé, me montrait Marcoussis revêtu d'un intérêt assez vif pour me faire oublier mes fraîches émotions du jeune âge.

D'abord c'est Jean de Montagu, vidame de Laonnais, sieur de Montagu en Laye et de Marcoussis, près Montlhéry, conseiller et chambellan du roi, et grand-maître de France. Jean de Montagu ne devait son élévation qu'à ses talents, et c'est à son élévation qu'il dut sa chute. En effet, Charles VI l'avait élevé au plus haut degré de puissance en lui confiant la surintendance des finances, et donnant à ses deux frères l'archevêché de Sens et l'évêché de Paris, les deux siéges épiscopaux les plus influents. Bientôt après, la chancellerie de France fut ajoutée à ses titres : aussi le duc de Bourgogne et le roi de Navarre conjurèrent sa perte ; et, profitant de la maladie et de la faiblesse de Charles VI, ils l'accusèrent de malversation envers l'état, et de vouloir compromettre l'honneur de son souverain, en se vantant des faveurs de sa femme, la reine Isabelle de Bavière. Il fut donc arrêté par Pierre des Essarts, prévôt de Paris, le 7 octobre 1409, jugé par des commissaires, et condamné à perdre la tête, après avoir subi les tortures. Cet arrêt fut exécuté aux halles de Paris, le 17 du même mois, et son corps attaché au gibet de Montfaucon. Trois ans après, son fils eut assez de crédit pour faire réhabiliter sa mémoire, et le 28 septembre 1412, son corps fut porté processionnellement dans l'église du monastère de Marcoussis, où il fut enterré avec honneur. Jean de Montagu avait, dans sa prospérité, fondé ce monastère de Célestins, le 18 février 1404; aussi les moines, reconnaissants, lui élevèrent-ils un monument d'une

grande magnificence, qui existait encore en 1789.

Nous voyons ensuite la forêt de
Marcoussis retentir des sons du cor de
François Ier, qui en avait fait un lieu
de plaisir.

Puis la belle Diane de Poitiers, oubliant un moment et l'amour d'un roi,
et les délices de ses beaux domaines
de Chenonceaux et d'Anet, venait s'y
reposer dans les bras du sire de Leu-
ville, dont le père, le savant Olivier,
avait été dépossédé par Henri II, de
sa dignité de chancelier de France,
sous prétexte de le soulager dans ses
infirmités et sa vieillesse.

C'est encore à Marcoussis que Hen-
ri IV, le vert-galant, vit Mlle Henriette
de Balzac d'Entragues, depuis mar-

quise de Verneuil. C'est là où, comme un véritable Castillan, il passa la nuit sous son balcon, épiant un regard, et un jour qu'il l'aperçut à une fenêtre du château, il lui dit : *Mademoiselle, apprenez-moi le chemin de votre chambre!* — *Par l'église, sire*, lui répondit-elle. Ce mot a été pris souvent pour une insinuation faite par Mlle d'Entragues, à son royal amant, de légitimer leur union. Mais la belle Henriette y mettait bien moins de malice; elle voulait dire tout simplement que, pour aller à sa chambre, il fallait passer par l'escalier de l'église.

Enfin, c'est encore au château de Marcoussis que le cardinal Mazarin exila le grand Condé, le prince de Conti et le duc de Longueville, et où, tandis que le premier jurait contre son persécuteur, le second priait Dieu, et le troisième pleurait.

Tous ces détails, qui semblent si longs au lecteur, à qui par parenthèse j'en demande bien pardon, me paraissent à moi pleins d'intérêt et de charme ; et en effet, n'est-ce pas mon pays que je décris, et n'est-il pas tout naturel, aussi de revenir avec un plaisir indicible aux premiers temps de son enfance, de se bercer au souvenir de ces vieux contes, qui sont devenus de belles pages d'histoire, et de pouvoir se dire : Tout cela, toutes ces belles choses sont arrivées dans ma patrie.

Mais j'en reviens à mon sujet.

Je ne sais, en vérité, si vous êtes de mon avis, mais lorsque je me suis in-

téressé aux personnages d'un roman,
je sais infiniment de gré à l'auteur de
me dire ce qu'ils deviennent : dans tous
les cas, je vais contenter mon désir,
sinon le vôtre.

C'est à Marcoussis, ce village em-
preint de tant de souvenirs, qu'Henrique et Giovana sont venus se retirer.
Une petite maison blanche aux volets
verts, un jardin simple et modeste,
une allée de tilleuls conduisant à un
pavillon gothique, d'où l'œil embrasse
au loin la vallée, puis un petit bois
bien touffu, bien silencieux; voilà le
séjour qui renferme deux époux si bien
faits pour s'aimer, mais qui, pour ne
s'être pas rencontrés plus tôt, en sont
réduits à une amitié qui fait couler
bien des larmes.

Pauvre Henrique ! pauvre Giovana !... Ils sont ensemble, ils sont réunis, et ils sont malheureux !

Cette idée, cette idée cruelle que Giovana aime encore Louis, torture et brise le cœur d'Henrique ; il prend son fusil, **parcourt le bois**, et revient fatigué, harassé, mais toujours triste et préoccupé ; ou bien il visite à cheval tous les environs, allant bride abattue à travers les chemins, sans avoir de but fixe que celui de s'éloigner de Giovana, **et de rester** seul avec ses souvenirs, c'est-à-dire avec ses malheurs. Il court à Montlhéry, descend, à Saint-Michel, cette riante et fertile vallée, erre sur les bords de l'Orge, et revient à Marcoussis.

Giovana, elle, attribuant à la pitié

ce qu'elle appelle le sacrifice d'Henrique, n'est pas moins malheureuse que lui. Elle partage son temps entre la prière et la promenade : chacune de ses excursions est marquée par une bonne œuvre, et il ne s'écoule pas une journée sans qu'elle entre dans une chaumière pour y laisser un secours ou une consolation.

Elle demande souvent à Dieu de mettre un terme à ses souffrances, et de la rappeler à lui ; mais Dieu, dont on ne peut prévoir les desseins, n'exauce pas les vœux de sa créature.

Peut-être lui réserve-t-il encore des jours de bonheur !!!

. . . .
. . . .
. . . .

Et Mathilde d'Anville?

Ah ! Mathilde d'Anville ! elle a été un mois inconsolable de la mort de Louis ; mais comme il est un terme à tout, et que d'ailleurs les larmes rougissent les paupières, elle les a séchées et a pris un mari. Son époux est un gros garçon, un peu moins occupé de sa femme que du cours de la Bourse. Du reste, Mathilde a une loge aux Italiens l'hiver, et l'été, un château à quelques lieues de Paris. Elle reçoit beaucoup de monde, a toujours les parures les plus brillantes, et gagne ainsi en vanité ce qu'elle perd en amour et en bonheur. Ainsi se sont réalisés ses doux rêves de jeune fille !

Eugène de Brésy poursuit le cours de ses conquêtes faciles.

Frédéric Renaud s'est retiré dans le Béarn ; il y a établi une manufacture qui fait beaucoup de bien à la contrée, et qui double ses revenus.

Quant à Georges Strick, il n'a pas quitté Arpajon : il y est né, il veut y mourir. Il visite parfois ses amis, et attend fort patiemment qne la confiance de ses concitoyens l'élève à la dignité de conseiller municipal ou de sergent de la garde nationale.

FIN.

TABLE DES MATIÈRES.